KB195330

자본이 말하지 않는 자본주의

이 책의 판권은 ㈜베가북스가 소유합니다. 저작권법에 따라 보호받는 저작물이므로 무단 전재와 복제를 금합니다. 이 책의 전부 또는 일부를 이용하거나 유튜브 동영상, 오디오북, 요약자료 등으로 생성 및 유포할 때도 반드시 사전에 ㈜베가북스의 서면 동의를 받아야 합니다. 더 자세한 사항은 ㈜베가북스로 문의 부탁드립니다.

홈페이지 | www.vegabooks.co.kr   **이메일** | info@vegabooks.co.kr
블로그 | http://blog.naver.com/vegabooks
인스타그램 | @vegabooks   **페이스북** | @VegaBooksCo

자본이

말하지 않는

자본주의

홍사훈, 박시동, 이광수 지음

베가북스
VegaBooks

　　한국의 자본시장은 철저하게, 그리고 노골적으로 기득권 자본에 유리한 시장입니다. 시장을 구성하는 자본시장법 자체가 그렇습니다. 지금도 법이 대주주의 이익을 최우선으로 보호하고 있는 겁니다. 소액주주는 가만히 서 있다가 뒤통수를 맞는 게 흔한 일입니다. 법이 그러하니 이걸 어디 하소연할 데도 없습니다. 기업의 쪼개기 상장, 물적분할 등 자본의 말도 안 되는 착취는 누가 봐도 불법 같아 보입니다. 하지만 법적으로 따지고 들어가면 하나같이 합법인 게 현실입니다.

　　조세 정책도 기득권 자본에 유리합니다. 우리가 땀 흘려 일해서 번 돈, 노동소득은 십 원 한 푼 봐주는 거 없이 과세합니다. 하지만 돈으로 돈을 버는, 자본소득에는 한없이 관대합니다. 주식이나 부동산 같은 자본소득은 기본적으로 가진 사람들의 소득입니다. 노동소득이 주소득인 대다수 국민은 하루하루 먹고살기가 힘듭니다. 그들이 지금 자본시장에서 주식, 채권, 부동산 등의 투자로 돈을 버는 것은 정말 어려운 일입니다. 왜 자본소득의 과세가 노동소득의 과세보다 너그러울까요? 이유는 간단합니다. 자본에는 그런 세법을 만드는 힘이 있기 때문입니다.

시장에는 지금도 개미 투자자를 피눈물 흘리게 만드는 많은 조항이 있습니다. 가장 대표적인 조항이 '상법 제382조의3(이사의 충실의무)'입니다. 이 조항은 이사가 "회사를 위하여" 일한다고 명시하고 있습니다. 이 점을 들어 이사의 결정에 '주주'의 이익은 고려 대상이 아니라는 말 같지도 않은 주장이 법원에서 인정받고 있습니다. 십수 년간 관련 법 개정을 요구했지만 아직까지도 바뀌지 않고 그대로입니다. 제대로 된 기업이라면 이사들은 주주를 대변하여 지배주주와 자본을 견제하고 기업에 득이 되는 미래를 결정해야 합니다. 하지만 지금의 이사는 지배주주와 한통속이 돼서 주주를 약탈하는 행위에 동참하는 중입니다.

최근 이처럼 기울어진 상법을 개정하기 위한 움직임이 사회 전반에 나타나고 있습니다. 하지만 힘을 가진 기득권이 자신의 밥그릇을 쉽게 내놓지 않는다는 사실은 우리 모두 경험으로 익히 알고 있습니다. 금융당국은 상법 개정안을 허용하는 대신 경영진의 배임죄를 폐지해야 한다고 말하기도 합니다. 이 말은 도둑질을 줄일 테니 아예 도둑질을 처벌하지 말자는 수준의 말입니다. 자본은 스스로 양보할 생각이 전혀 없습니다. 같은 상법이라도 누구의 입장을 반영하는지에 따라 의미가 완전히 달라집니다. 앞으로의 사회가 포용적일지, 착취적일지는 이 법의 향방에 달린 겁니다.

KBS에서 나와 「김어준의 겸손은 힘들다 뉴스공장」으로 자리를 옮겨 「홍사훈의 경제쇼」를 진행할 때, 이런 슬로건을 내걸었습니다. "민주적 자본주의를 말한다." 많은 사람이 이렇게 말합니다. "민주주의와 자본주의는 이미 헤어진 지 오래됐다. 둘은 추구하는 가치와 목적이 달라 민주적 자본주의는 절대 불가능하다." 하지만 사람의 얼굴을 가진 자본주의, 모두가 인간답게 사는 자본주의를, 우리라도 얘기해보자는 것이 제가 추구한 방향이었습니다.

오늘날 한국 경제에 희망이 보이지 않습니다. 즉흥적이고 세밀하지 못한 정부의 경제 정책에 어떤 철학이 있는지도 모르겠습니다. 오르는 물가와 치솟는 가계부채는 과연 해결할 수 있을까요? 미국에서는 트럼프가 당선되어 대한민국을 뒤흔들 트럼프 2기 시대가 우리를 기다리고 있습니다. 내적으로나, 외적으로도 앞으로 한국 경제가 걸어야 할 길은 지금보다 훨씬 더 험해 보입니다. 자본은 이런 험한 세상 속에서도, 지금까지 그랬던 것처럼, 더 많은 자본을 쌓기 위해 온갖 꼼수를 자행할 것입니다.

이 책에는 제가 지난 1년간 박시동 경제평론가, 이광수 광수네 복덕방 대표와 방송에서 나눴던 대담이 담겨있습니다. 한국의 경제 뉴스, 그리고 주식시장과 부동산시장의 숨겨진 사실이 바로 그 내용입니다. 이 내용이 독자 여러분을 부자로 만들어줄 수는 없습니다. 그건 가능하지도 않을 뿐더러 제가 추구하는 방향도 아닙니다. 다만 자본의 횡포에 당할 때 당하더라도 최소한 왜 당했는지 우리가 알고는 있자는 겁니다. 그래야 자본의 횡포를 막을 수 있고 문제를 해결할 힘도 모을 수 있습니다. 이 책이 앞으로 닥칠 험한 세상의 발판이 될 수 있으면 좋겠습니다.

기자 홍사훈

목차

1부

자본이 말하지 않는 진짜 한국 주식시장

2024년 11월 13일, 코스피의 시총이 2,000조 원 아래로 떨어졌습니다. 1년 만에 최저 수준입니다. 사실 놀랍지만은 않습니다. 한국 주식시장의 고질병이 오래전부터 그대로 남아있기 때문입니다. 코리아 디스카운트의 근본적인 이유가 뭘까요? 윤 정부가 말하는 기업 밸류업은 어떻게 해야 가능한 걸까요? 알수록 기가 차는 한국 주식시장의 현실, 지금부터 낱낱이 파헤쳐 보겠습니다.

1

개미들이 돈 못 버는
여섯 가지 이유

.
.
.

우리나라 '개미 투자자'들이 돈을 못 번다는 건 거의 모두가 수긍하는 사실이 돼버렸습니다. 그 이유를 하나씩 설명하기 전에 물어봅시다. 우리는 왜 이 주제를 다뤄야 할까요? 시장에선 한국 상장사들이 일명 '코리아 디스카운트' 상태로 말도 안 되게 저평가되어 있다고 늘 볼멘소리가 가득했습니다. 한국 기업의 밸류업이 절실하다는 거였죠. 2024년 윤 정부는 이런 시장의 정서를 고려해 기업 밸류업 프로그램을 발표했습니다. 하지만 그 내용을 살펴보니 시장의 요구를 전혀 이해하지 못한 수준의 정책이 나왔습니다.

자, 그렇다면 정말 시장의 말처럼 지금 한국 기업이 밸류업을 해야 할 정도로 저평가되어 있을까요? 결론만 말하자면 그렇습니다. 기업 가치를 나타내는 여러 지표 중 하나인 PBR(주가순자산비율)을 예로 들 수 있지요.

$$PBR = \frac{\text{시가총액}}{\text{자산}}$$

선진 시장의 PBR 평균치는 3 정도에 이릅니다. 일본은 1.3~1.5 정도이며, 중국은 1.0 정도입니다. 하지만 한국의 경우 평균적으로 0.9대에 머물고 있죠. 상위 상장사만 따로 보면 0.6대까지 떨어집니다. 오히려 상위 기업일수록 저평가 상태라는 얘기입니다.

지난 10년 코스피 연도별 평균 PBR

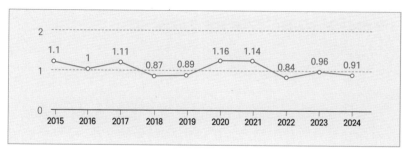

자료 : KRX 정보데이터시스템

한국 주식이 이처럼 저평가된 것은 사실입니다. 이 문제는 정치적 성향과 무관하게 모두가 한 번쯤 다루어야 할 주제였습니다. 그리고 논의가 수면으로 떠올랐을 때, 제대로 된 개혁을 해야 하는 주제죠. 이번이 사실은 그런 기회였는데 정부 발표가 충격적일 정도로 맹탕이었습니다.

정부의 발표를 정리하면 이렇습니다. "기업이 자율적으로 1년에 한 번씩 어떻게 밸류업 할지 얘기하고, 정부가 좋다고 평가한 경우 그 기업에 표창장을 준다. 그럼 그 기업은 모범 납세자(세금 혜택)가 된다." 이게 끝입니다. 우리가 기대했던 시장 개혁은 이런 게 아니었죠. 한국 주식이 왜 저평가되어 있는가, 하는 근본적인 문제는 건드리지도 않았습니다. '표창장 한 장으로 시장이 바뀔 정도였나'라는 자조가 나오는 상황입니다. 그렇다면 정부는 어떤 문제를 구체적으로 거론했어야 했을까요? 바로 지금부터 말하는 여섯 가지 문제가 한국 기업 밸류업을 위해 반드시 논의해야 했던 한국 주식시장의 문제들입니다.

ⅠⅠⅠ 첫 번째 문제: 이사들이 주주를 위해 일하지 않는다

상법 제382조의3(이사의 충실의무)

> 이사는 법령과 정관의 규정에 따라 회사를 위하여 그 직무를 충실하게 수행하여야 한다.

주식회사는 주주총회에서 뽑힌 이사, 이사들이 모인 이사회, 그들의 대표인 대표이사로 운영됩니다. 회사는 이들 이사가 움직이죠. 그렇다면 이렇게 생각할 수 있습니다. "내가 주주고, 주주총회에서 선임한 이사들이 회사를 운영하니까, 이사는 나를 위해 일하겠지?" 근데 놀랍게도 그렇지 않습니다. 코리아 디스카운트의 첫 번째 문제는 이사가 주주를 위해 일하지 않는다는 점입니다.

한국 「상법 제382조의3」은 이렇게 명시합니다. "이사는 법령과 정관의 규정에 따라 회사를 위하여 그 직무를 충실하게 수행하여야 한다." 이것이 바로 '이사의 충실의무'라는 겁니다. 그런데도 이사가 주주를 위해 일한다고 착각하는 사람들이 많습니다. 한국에서 이사는 주주를 위해 일하는 것이 아니라, 회사를 위해 일하고 있습니다.

문제는 회사의 이익을 위해 일하는 것과 주주의 이익을 위해 일하는 것이 다르다는 점입니다. 회사, 지배주주, 소액주주는 모두 추구하는 이익이 다릅니다. 가장 이상적인 상황은 회사의 이익, 지배주주의 이익, 소액주주의 이익이 모두 일치할 때이겠지요. 이럴 때는 당연히 문제가 없습니다.

보통 회사의 이익은 지배주주의 이익과 일치합니다. 지배주주가 회사를 경영하니까요. 문제는 지배주주의 이익과 소액주주의 이익이 달라질 때 생깁니다. 이때 이사는 회사의 이익을 위해 일한다는 이유로 지배주주의 이익을 우선시하고, 소액주주의 이익은 무시하게 됩니다. 그때부터 갈등이 시작되는 것입니다.

미국의 경우, '완전한 공정성의 원칙'이 대법원에서 확립된 판례로 자리 잡고 있습니다. 이사는 회사를 위해 일하지만, 동시에 일반 주주에 대한 수탁 의무도 있다는 뜻이지요. 심지어 이사는 물론 지배주주도 역시 소액주주에 대해 수탁자 의무가 있습니다. 기업의 회장, 총수도 한 주를 가진 소액주주를 위해 일해야 한다는 말입니다.

일본의 자본시장에도 비슷한 규제가 있습니다. 일본은 2015년에 주주에 대한 이사의 수탁자 의무가 명확히 규정된 '거버넌스 코드(governance code)'를 도입했습니다. '거버넌스 코드'는 이렇게 명시하고 있

해외 사례

🇺🇸 **미국** 1983년 판례: 완전한 공정성의 원칙
- 일반 주주에 대한 이사의 수탁 의무는 당연
- 심지어 지배주주도 일반 주주에 대해 수탁자 의무가 있음

⦿ **일본** 2015년 거버넌스 코드 도입
- 주주에 대한 이사의 수탁자 의무 도입
- 이사에게 지배주주와 일반 주주 이해 충돌 회피 의무 도입

습니다. "지배주주와 일반 주주 사이에 이해가 충돌하는 경우, 이사는 그 충돌을 피해야 하며, 지배주주가 회사를 마음대로 하지 못하도록 최선을 다해 모두에게 이익이 되도록 일해야 한다."

또 일본에서는 경영진과 분리된 독립적인 이사회가 구성되어야 하며, 이사회의 3분의 1 이상을 사외이사로 채워야 합니다. 지배주주가 10% 이상의 지분을 보유한 경우, 이사회의 과반수를 독립적인 사외이사로 구성해야 하며, 임원의 임금을 결정하는 권한 역시 사외이사가 과반수로 결정하게 됩니다. 이처럼 일본에도 소액주주가 지배주주를 견제하기 위한 제도가 마련되어 있습니다.

그렇다면 우리나라 기업 이사들의 표결 판단 기준은 뭘까요? 오직 지배주주의 눈치입니다. 대법원의 판결은 "이사는 주주의 재산 보전 행위에 협력하는 자로서 타인의 사무를 처리하는 자의 지위에 있다고는 볼 수 없다."라고 설명하고 있습니다. 법부터가 소액주주의 권리를 무시하고 있죠. 하지만 상법이 이렇게 돼 있다는 사실조차 모르는 소

액주주들이 너무 많습니다. 우리나라의 자본시장법이나 주식회사 자체가 주주의 가치보다 지배주주의 가치를 우선시하는데, 그걸 모르는 거죠.

지금도 문제의 근본인 상법을 바꿔야 한다는 주장이 나오고 있습니다. "회사를 위하여"라는 문구를 "회사와 주주의 비례적 이익을 위하여"라는 문구로 수정하자는 것입니다. 즉, 이사가 회사만을 위해서가 아니라 회사와 주주의 이익을 위해 일하도록 법적인 근거를 만들자는 얘기입니다.

소액주주를 위한 상법 개정안

수정 전
이사는 법령과 정관의 규정에 따라 회사를 위하여 그 직무를 충실하게 수행하여야 한다.

수정 후
이사는 법령과 정관의 규정에 따라 주주의 비례적 이익과 회사를 위하여 그 직무를 충실하게 수행하여야 한다.

지배주주와 기업들은 당연히 상법 개정에 반대합니다. 법이 개정되면 그만큼 이사의 법적 책임도 늘어나기 때문입니다. 이해가 가지 않는 것은 상법 개정안에 대한 법무부의 의견입니다. 법무부의 의견은 다음과 같습니다. "취지에는 공감하나, 이 문구를 추가하더라도 선언적 규정에 그칠 가능성이 크다." 이처럼 법무부는 이 개정안의 의미를 선언적 규정에 그칠 것이라고 예단하는 거죠. 여러 반대 의견으로 아직도 상법을 수정하지는 못한 상태입니다. 상법은 '코리아 디스카운트'의 근본적인 원인입니다. 정부는 기업 밸류업에서 이런 사안을 얘기해야 했습니다.

ⅲⅰ 두 번째 문제: 법은 언제나 지배주주 편이다

두 번째 문제는 법적 다툼에 관한 내용입니다. 만약 투자자가 회사와 법으로 승부를 봐야 할 때, 투자자의 권리 구제가 확실하다면 법에서 이기면 되겠죠. 하지만 증권을 둘러싼 집단소송을 분석해보면 소액주주가 회사를 상대로 법에서 이기는 것은 사실상 불가능하다는 것을 알 수 있습니다. 요컨대 '법은 언제나 지배주주 편'이라는 거죠.

집단소송을 간단히 설명하면 다음과 같습니다. 어떤 소송이 걸릴 때는 분명 피해를 입은 당사자가 있습니다. 그 피해를 주장하는 사람이 바로 원고입니다. 이때 피해를 본 개인이 회사를 상대로 소송한다면 규모 면에서 분명 한계가 있습니다. 이때 똑같은 피해를 겪은 다른 사람이 회사에 비슷한 소송을 제기한 상황일 때 이들을 집단으로 모아 하나의 재판으로 소송하는 것이 집단소송입니다. 재판 결과에 따라 이해당사자 모두를 구제하는 엄청난 무기죠. 이 집단소송이 증권과 관련해서 어떻게 운영되고 있는지, 그리고 왜 법은 언제나 지배주주의 편이라고 말하는지 살펴보겠습니다.

증권 관련 집단소송법 제12조(소송허가 요건)
[시행 2013.8.29.][법률 제11845호, 2013.5.28., 타법개정]

①-1. 50인 이상, 지분 0.01% 이상
①-2. 모든 구성원에게 공통된 쟁점
①-3. 집단소송이 총원의 권리와 이익 보호에 적합하고 효율적인 수단일 것
①-4. 소송허가 신청서류에 흠이 없을 것

첫째, 소송 이유가 제한되어 있습니다. 수많은 회사의 잘못 중에서 '주가조작, 분식 회계, 허위 공시' 이 세 가지 경우에만 집단소송이 가능합니다. 불법이나 비리 등등, 수많은 회사의 잘못 중에서 오로지 이세 개만 가능하다는 겁니다.

둘째, 소송 대상을 제한하고 있습니다. 집단소송은 시가총액 2조 원 이상인 기업만을 상대로 제기할 수 있습니다. 시가총액이 1조9,999억 원인 회사를 상대로는 소송을 제기할 수 없습니다.

셋째, 원고의 자격을 제한하고 있습니다. 원고는 유가증권 총수의 1만분의 1 이상을 보유하고 있어야 하며, 또한 50명 이상이어야 합니다. 예를 들어 삼성과 같은 기업을 대상으로 소송하려면 삼성의 유가증권 총수 1만분의 1이 필요합니다. 기업 규모가 클수록 소송하기가 어렵게 되어 있는 것입니다. 기업이 크면 불법 행위로 인한 피해도 큰 법인데, 오히려 규모가 클수록 소송은 더 어렵게 만들어놓은 거죠. 이런 이유로 많은 사람이 사실상 직접 소송을 제기하기는 어렵습니다. 그래서 보통 로펌들이 나서서 이들의 소송을 대행합니다. 그런데 여기서도 문제가 있습니다.

넷째, 로펌의 집단소송 활동에도 제약이 있습니다. 로펌이 소송에 관련된 사람을 모으려면 관련 내용을 홍보해야 합니다. 하지만 이런 광고 행위가 금지되어 있습니다. 또한, 소송을 잘하는 대형 로펌들, 예를 들어 김앤장이나 태평양 같은 로펌은 3년 동안 3건 이하로 증권 관련 집단소송을 맡도록 제한하고 있습니다.

자, 조금씩 분통이 터집니까? 하지만 이건 예고편에 불과합니다. 어렵게 주주를 모으고, 분식 회계를 밝혀내 소송을 제기하려고 해도, 소송을 바로 개시할 수 없습니다. 재판이 열리기 전에 '재판을 할지 말지'를 허가하는 '소송허가 결정' 심사가 따로 있기 때문입니다. 문제는 이 과정에도 별도의 심사와 별도의 법원 판단이 있기 때문에, 심사 자체가 3심까지 갈 수 있습니다. 한마디로 증권 관련 집단소송은 사실상 6심제를 운영하는 셈입니다.

우리나라는 2005년에 집단소송 제도를 시행했는데요. 본심까지 올라간 사건은 2024년까지 12건밖에 없습니다. 참으로 기가 막히는 수치 아닙니까. 그동안 주식시장에는 분식 회계 사건, 허위 공시 등 정말 셀 수도 없이 많은 사건이 있었죠. 그런데도 증권 관련 집단소송은 20년간 단 12건뿐이라니요. 본안소송까지 힘겹게 넘어가서 최초로 대법원의 판결을 받은 시점은 2020년입니다. 15년간 누구도 대법원 문턱을 넘지 못했던 거죠.

가장 유명한 증권 집단소송 사건은 동양그룹의 CP(기업어음) 발행 사건입니다. 쉽게 말해, 동양그룹이 부도 위기에 처해 있으면서도 계열사인 동양증권이 마치 부도가 나지 않을 것처럼 회사의 회사채 및 CP를 판매한 사건입니다. 당시 동양그룹은 내부 정보를 알면서도 회사의 재정 상황이 괜찮다고 공시하며 CP를 판매했습니다. 지금 동양그룹은 해체됐고, 동양증권은 중국계 유안타증권으로 넘어갔습니다.

그때 구매한 CP는 휴지 조각이 됐는데요. 허위 공시를 믿고 CP를 구매한 사람들이 피해를 주장하며 증권 집단소송을 제기했습니다. 그 판결이 9년 만인 2024년 1월에야 내려졌습니다. 동양그룹 사건은 소송 개시 결정에만 6년이 걸렸습니다. 이런 악의적인 제도 때문에 회사의 법적 책임이 분명한 사건에도 소액주주는 회사를 상대로 소송을 걸기가 매우 어렵습니다. 더욱 가관인 것은 무언지 아십니까? 소송에서 힘겹게 이긴다고 해도 제대로 된 피해 보상마저 받기가 쉽지 않다는 사실입니다.

미국에서는 징벌적 손해배상이 가능합니다. 만약 내가 100만 원의 손해를 입었다면, 미국에서는 100만 원 배상에 그치지 않고, 징벌적 배상을 통해 그 이상의 금액을 보상받을 수 있다는 거죠. 예를 들어 가해자가 매우 비난받을 만한 상황에 놓여 있으며, 반사회적이고 비윤리적인 행동을 한 경우엔, 그 가해자에게 징벌적 손해배상을 부과하여 엄청난 금액을 배상하도록 하는 것입니다. 그래서 피해액이 1억 원이라면, 가해자가 정신을 차릴 수 있도록 "100억 원을 배상하라!", "1,000억 원을 배상하라!" 같은 판결을 내립니다. 우리나라에는 이런 징벌적 손해배상이 아예 존재하지도 않습니다.

소액주주가 대법원에서 힘들게 소송에서 이기더라도, 실질적으로 배상받을 수 있는 금액은 매우 적습니다. 처음 대법원까지 간 증권 관련 집단소송 사건에서 피해자는 요구한 금액의 10분의 1밖에 받지 못했습니다. 무려 10여 년에 걸친 재판 끝에 말입니다. 이런 상황에서 투자자가 무슨 수로 억울함을 법에 호소할 수 있을까요?

궁금합니다. 왜 법이 지배주주의 이익에만 부합하게 돼 있을까요? 법은 국회에서 만듭니다. 국회의원을 뽑는 것은 국민이고요. 국민이 뽑은 국회의원이 국민의 권리와 이익을 지켜야 하는데, 전혀 그러지 못하고 있는 겁니다. 이게 웬일일까요?

ⅠⅠⅠ 세 번째 문제: 국민연금조차 국민의 편이 아니다

이사도 믿을 수 없고 법도 소액주주의 편이 아닌데, 그럼 소액주주가 할 수 있는 건 뭐가 있을까요? 지금 당장 시도해볼 만한 방법이 하나 있긴 합니다. 바로 국민연금입니다. 국민연금은 대부분 상장사의 대주주입니다. 그리고 국민연금의 예산은 바로 국민이 낸 돈이죠. 그러므로 국민연금은 국민을 위해, 그리고 사회를 위해 그 권리를 행사할 의무가 있습니다. 여기서 세 번째 문제가 발생합니다. 한국 주식시장에서 국민연금은 대다수 국민인 소액주주의 편을 들지 않는다는 것입니다.

국민연금 투자액

① 국민연금이 5% 이상 지분을 가진 기업(상장사)
  • 약 283개(투자액 약 133조 원)
② 국민연금 포트폴리오의 '국내 주식' 비중은 15%

국민연금이 우리나라 상장사 중 5% 이상의 지분을 보유하고 있는 회사가 283개에 이릅니다. 사실상 1등부터 300등까지의 회사는 국민연금이 주식을 가지고 있다고 보면 되죠. 국민연금의 투자 평가액도 130조 원에서 150조 원에 이릅니다. 이게 무슨 뜻일까요? 국민연금이 한국 기업에 엄청난 지배권을 가지고 있다는 말입니다. 국민연금 자산의 15%가 국내 주식에 투자되어 있으니, 대부분의 국내 기업이 국민연금의 영향력 아래에 있죠. 만약 국민연금이 정신을 차리고 소액주주의 이익을 위해 개혁한다면, 정말 엄청난 변화를 이끌어낼 수 있습니다.

국민연금과 관련된 문제는 정말 중요합니다. 정부는 국민연금이 고갈될 위기에 처해 있기 때문에 지금도 연금 개혁을 추진하고 있습니다. 그 개혁 시나리오가 18가지나 발표되었는데, 이 중에는 운용수익률을 높이는 방안도 포함되어 있습니다. 생각해보면, 수익률을 0.5%p 높이든 1%p 높이든, 그게 어떻게 방안이 될 수 있을까요? 마음대로 수익률 조정이 가능하다면 지금 당장 시행하면 될 일이잖아요. 더 높은 수익률이면 좋고요. 3%p~5%p처럼요.

이 방안이라는 것이 실제로 말이 되지 않는 이유는 정말 복잡합니다. 현재 국민연금의 목표 수익률은 4%인데요. 4%를 달성하기 위해 포트폴리오가 매우 정교하게 설계되어 있습니다. 여기서 0.5%p를 높이려면, 현재 포트폴리오의 약 80%를 대체 자산으로 변경해야 합니다. 안정적인 채권이나 국내 주식을 버리고, 해외 주식, 부동산, 파생상품 등으로 대체해야 한다는 말입니다. 하지만 이미 투자 비율이 정해져 있어 이걸 조정하는 건 힘든 상황입니다.

모두가 알다시피 장기적으로 보면 국민연금은 고갈될 수밖에 없습니다. 현재는 들어오는 돈이 더 많지만, 어느 시점에 도달하면 들어오는 돈보다 나가는 돈이 더 많아지기 때문입니다. 이때부터 국민연금은 부족한 자금을 마련하기 위해 보유한 주식을 팔아야 합니다. 국민연금은 엄청난 양의 주식을 보유하고 있기 때문에 국민연금이 주식을 매도하기 시작하면 주가는 반드시 하락합니다. 주가가 하락하면 연금은 더 줄고, 기하급수적으로 연금 고갈이 가속되는 악순환이 발생할 수 있습니다.

국내 기업의 밸류업이 반드시 필요한 이유가 여기에도 있습니다. 국민연금이 위험한 투자를 하지 않으면서도 안정적인 수익률을 올리려면, 국내 기업이 '밸류업' 되어야 합니다. 그래야 배당 등으로 안정적인 수익을 늘릴 수 있기 때문입니다. 또 국내 주식의 가치가 보장되어야 국민연금이 나중에 주식을 매도할 때 이를 받아줄 투자자가 생깁니다.

이처럼 국내 기업의 밸류업은 국민연금에 두 가지 의미를 지니고 있습니다. 첫째, 운용수익률을 높이기 위해서 위험한 투자를 하지 않아도 된다는 점. 둘째, 나중에 국내 주식을 팔 때 그 주식을 받아낼 수 있는 개인, 해외 기관, 해외 투자자들이 생긴다는 점입니다. 이처럼 국내 기업의 밸류업은 국민연금의 생존과 직결된 문제라고 볼 수 있습니다.

국민연금은 왜 지금껏 기업 밸류업에 참여하지 못했을까요? 이건 정치적인 이유가 큽니다. 국민연금이 제대로 의결권을 주장하기 시작하면 300개 정도의 상장사가 국민연금의 눈치를 보게 됩니다. 그렇게 되면 정부가 기업을 주도하는 '국가 자본주의'가 될 수도 있습니다. 이런 논리 때문에 현재 국내 주식시장에는 국민연금이 중립적인 태도를 취하는 것이 마치 당연한 것처럼 포장되어 있습니다. 하지만 사실은 그게 옳지 않을 수 있다는 얘기입니다.

중립 표결만 하는 것이 아니라, 국민연금도 주주로서 자신의 이익을 극대화하기 위해 적극적인 참여를 해야 한다는 말입니다. 그래야 한국 자본시장도 성장하고, 국민연금의 수익률도 높아지고, 연금 고갈 시점도 늦추며, 나중에 국민연금이 주식을 매도할 때 시장을 지켜주는 버팀목이 될 것이라는 얘기죠. 우리나라도 2018년 7월 30일부터 '스튜어드십 코드(stewardship code)'라는 개념이 도입되어 국민연금이 기업의 의사결정에 참여하는 경우가 늘긴 늘었습니다.

국민연금같이 5% 이상의 지분을 보유한 주주는 그 보유 목적을 공시해야 합니다. 단순투자 목적인지, 일반투자 목적인지, 또는 경영참가 목적인지 세 가지 중 하나로 보유 목적을 명시하게 되어 있습니다. 국민연금이 단순투자에서 일반투자 목적으로 변경한 회사가 점점 늘고는 있습니다.

일반투자 목적으로 변경하게 되면 이사 선임 반대, 의사록·회의록 열람 요청, 임원의 해임 청구 등에 개입할 수 있게 됩니다. 하지만 이 숫자도 300여 개의 회사 중에서 극히 일부에 불과합니다. 모든 회사에 일반투자 목적으로 전환해야 한다는 말은 아니지만, 국민연금의 수익과 직결된 사안에는 적극적인 참여가 필요합니다.

일본의 경우 2014년에 '스튜어드십 코드'가 도입되었고, 2015년에 '거버넌스 코드'가 도입되었습니다. 이 두 가지 제도를 통해 일본은 드디어 성과를 보고 있습니다. 그런데 우리나라는 같은 제도를 도입하고도, 아직도 제대로 된 변화를 이루지 못하고 있습니다. 제도를 도입하고도 제대로 시행하지 않았기 때문입니다.

물론 국민연금의 개입이 정부가 기업을 '관치'하는 통로로 둔갑해서는 안 됩니다. 주주의 이익에 부합하도록 대주주의 역할을 하라는 거죠. 삼성물산과 제일모직의 합병 사건 때 2대 주주는 국민연금이었습니다. 당시 합병 비율이 삼성물산에 불리하다는 것은 분명했습니다. 국민연금은 삼성물산의 대주주 관점에서 이 합병에 반대해야 했음에도, 찬성했습니다. 보고서에 따라 다르지만, 그 결과 국민연금이 2,500억 원에서 5,000억 원의 손실을 보았다는 내부 보고서도 있습니다. 시장에는 국민연금이 약 1조 원의 손실을 봤다고 평가하는 보고서도 있죠. 이런 손실을 예측하고도 국민연금이 합병에 찬성 투표를 했었던 것입니다.

국민연금의 개입은 이런 식이 아니라 자신의 이익을 위해 행사되어야 합니다. 이를 바로잡는 방법은 간단하죠. 국가 이익과 국민의 이익에 반하는 결정을 내린 자들을 엄격하게 처벌하는 겁니다. 저런 결정권자들을 평생 감옥에 집어넣으면 다시는 그런 일이 벌어지지 못할 테니까요.

ⅲⅰ 네 번째 문제: 물적분할, 주식시장인가 사기시장인가?

국내 시장에서 투자자들이 가장 큰 배신감을 느끼는 부분들은 또 있습니다. 바로 물적분할 문제입니다. 쉽게 말하자면, 내가 투자하던 A 회사가 알짜배기 사업부를 다른 회사로 떼어내는 방법입니다. 예를 들어, LG화학에 투자하는 상황을 가정하겠습니다. 거의 10여 년간 LG화학은 배터리 사업에 막대한 자금을 재투자했습니다. 주주는 그 시간만큼 배당금을 받지 못하고, 손실을 감수하며 기다렸죠. 언젠가 자신에게도 그 이익이 돌아올 것이라고 기대하며 손실을 감내해온 겁니다.

오랜 기다림 끝에 LG화학의 배터리 사업이 드디어 빛을 보기 시작했고, 주주들은 열광했습니다. 그런데 기쁨도 잠시, LG화학은 배터리 사업부를 떼어내어 별도의 회사인 LG에너지솔루션으로 분할했습니다. 그 결과 LG화학의 주주는 배터리 사업 관련 이익을 전혀 보지 못하고, 그 사업부가 다른 회사가 되어버린 상황을 멀뚱히 지켜만 보게 됐습니다.

LG화학이 주주의 이익을 생각했다면 배터리 사업에 큰돈이 필요할 때 유상증자를 통해 필요한 자금을 마련했어야 합니다. 유상증자를 하면 기존 주주들이 그 유상증자에 참여하여 자신의 지분을 유지할 수 있습니다. 대주주들도 지분을 유지하려면 자기 돈을 들여 유상증자에 참여해야 하죠. 그게 싫어서 LG화학은 물적분할을 통해 자회사를 만들고 그 자회사에서 유상증자를 해버립니다. 이 방법으로 대주주는 기존 지분이 희석되지 않고, 돈도 쓰지 않으면서, 알짜배기 회사를 분리

주요국 모회사·자회사 동시 상장 비율

국가	상장회사 수(개)	동시 상장사 수(개)	비율(%)
한국	2,457	208	8.47
일본	3,892	238	6.11
프랑스	806	18	2.23
독일	794	17	2.14
미국	5,348	28	0.52
영국	1,920	0	0

※ 2019년 기준 모회사의 자회사 지분율 50% 이상, 한국은 상호출자제한집단 상장회사 기준   자료 : 일본 경제산업성 · 에프앤가이드

할 수 있었습니다. 대주주의 이득만큼 소액주주들은 당연히 손해를 보겠죠. 주주를 배신하는 행위, 사기라고까지 말할 수 있습니다.

　다른 나라도 물적분할은 합법이지만 실제 사례는 드뭅니다. 영국에는 물적분할 사례가 아예 없습니다. 미국에는 전체 상장사 중 0.5% 정도입니다. 우리나라는 약 8.47%에 이릅니다. 물적분할이 가능한 회사의 비중을 생각하면 정말 말도 안 되게 높은 비율입니다.

　영국이나 미국에서 물적분할이 드문 이유는 징벌적 손해배상 때문입니다. 미국이었다면 LG화학은 천문학적인 금액을 배상했을지도 모릅니다. 또 독일의 경우 물적분할을 하면 기존 회사의 주주들에게 새로운 회사의 주식을 지분 비율에 따라 배분합니다. 즉, 내가 LG화학의 주식을 10% 보유하고 있다면, LG에너지솔루션으로 분할될 때 새 회사의 주식을 내 지분 비율인 10%만큼 나누어 받는 것입니다. 우리나라는 이런 규제가 없으니, 회사가 합법적으로 주주의 이익을 약탈하고 있습니다.

ⅲ 다섯 번째 문제: 경영권 프리미엄, 소액주주만 개털

다섯 번째 문제는 '경영권 프리미엄'입니다. 대주주가 기업을 매각할 때, 지분을 100% 매각하기도 하지만, 경영권만 매각하는 경우도 있습니다. 이런 경우, 대주주는 지배권에 경영권 프리미엄을 붙여 매각합니다. 예를 들어 시가총액이 100만 원인 회사라면, 지배권은 시가총액의 반절인 50만 원이 적절한 가격입니다. 하지만 그 주식이 지배권과 관련되면 원래 가격에 20%~30% 정도 얹은 가격으로 거래되기도 합니다. 이게 바로 경영권 프리미엄입니다.

외국의 경우 기업의 지배권을 사는 사람은 나머지 주주에게도 같은 가격으로 공개매수를 해야 합니다. 즉, 경영진의 주식에 프리미엄 가격이 붙었다면, 다른 주주도 자신의 주식을 경영진의 주식과 같은 가격에 판매할 권리가 있는 것입니다. 이것이 '의무공개매수 제도'입니다. 이 제도는 주주 모두가 시장에서 공평한 대우를 받기 위해 꼭 필요한 제도입니다.

만약 의무공개매수 제도가 도입되면 어떤 일이 벌어질까요? 사실 오너 입장에서는 장점도 있습니다. 적대적 인수합병(M&A) 때 상대 회사는 모든 주주에게 같은 가격으로 주식을 사야 하므로 인수 비용이 더 많이 들게 됩니다. 이런 적대적 M&A를 방지할 수 있죠. 시장 개혁을 '경영에 해가 된다.'는 이유로 반대했다면 이번에는 반대할 이유도 없는 셈입니다.

그런데도 기업 오너들은 이 제도를 반대하고 있습니다. 이유는 당연하죠. 언젠가 회사를 매도할 때 자신들은 경영권 프리미엄을 받을 수 있으니까요. 문제는 기업 오너가 이런 입장이라면 평소 주가를 올릴 필요도 없게 됩니다. 어차피 자신이 매도할 때는 주식을 '경영권 프리미엄'이 추가된 가격으로 매도할 수 있기 때문입니다.

ⅢI 여섯 번째 문제: 기업 밸류를 좀먹는 '유령 자사주'

여섯 번째 문제는 '유령 자사주' 문제입니다. 기업이 회삿돈으로 자사주를 매입하는 경우가 있습니다. 그 이유는 다양합니다. 첫째, 기업이 자사주를 매입하고 소각하면 PBR이 개선됩니다. 둘째, 기업이 자사주를 소각하면 유통 주식 수가 줄고 주당 순이익이 증가합니다. 쉽게 말해서 100주로 100원을 벌면 주당 순이익이 1원이지만, 50주를 소각하여 50주로 100원을 벌면 주당 순이익은 2원이 됩니다. 한마디로 자사주를 소각할수록 그 기업의 주가는 상승합니다. 문제는 자사주를 소각하지 않고 기업이 가지고 있을 때 발생합니다.

왜 기업들은 자사주를 소각하지 않을까요? 자사주는 회사가 보유한 주식이므로, 의결권이 없습니다. 예를 들어 주식의 총개수가 100주, 그중 50주가 자사주라면, 나머지 50주 중에서 지분을 가장 많이 보유한 사람이 지배주주가 됩니다. 이 지배주주가 자사주를 소각하지 않고 그대로 보유하는 이유는, 이를 경영권 방어에 쓸 수 있기 때문입니다.

2023 국내 기업의 자사주 보유 현황

자사주 보유 비율	전체	
	기업 수(개)	비율(%)
0%	803	32.3
0% 초과 5% 이하	1,210	48.7
5% 초과 10% 이하	256	10.3
10% 초과 15% 이하	113	4.6
15% 초과 20% 이하	52	2.1
20% 초과	49	2.0
합계	2,483	100

자료 : 각 기업 사업보고서

자사주는 의결권이 없지만, 지배주주가 필요할 때는 편법으로 주식의 의결권을 살릴 수 있습니다. 예를 들어 친구나 재벌 가문에 주식을 매매하면, 상대방이 보유한 주식은 의결권이 살아납니다. 이런 방식으로 자사주는 지배주주의 우호 지분이 되는 것입니다. 과거 삼성물산과 제일모직 합병 때, 삼성물산은 자사주를 KCC에 넘겨 의결권을 살려냈습니다. 그 결과 두 기업의 합병은 아주 근소한 차이로 통과됐습니다.

자사주만 제대로 소각해도 코스피가 3,600 이상으로 상승한다는 보고서도 있습니다. 그럴 법도 한 것이, 2023년 기준 우리나라 상장사중 자사주를 보유한 기업이 약 67%입니다. 하지만 자사주를 소각한 기업은 13.7%에 불과합니다. 대다수 기업이 경영권 강화를 위해 자사주를 소각하지 않고 그대로 보유한 겁니다.

결국 지금까지 한 말은, 한국 주식시장에 소액주주의 편은 사실상 없다는 말입니다. 이사, 법과 제도, 국민연금, 물적분할, 경영권 프리미엄, 유령 자사주 등 시장 곳곳에 문제가 만연합니다. 정부의 기업 밸류업 프로젝트에서 기대했던 바는 앞선 문제의 해결책이었죠. 하지만 이런 핵심은 전혀 다루지 않고 형식적인 내용만 언급됐습니다. 정부가 원래 얘기해야 했던 것은 바로 이런 내용입니다. 시장의 근본적인 문제를 깨닫지 못한다면, 기업 밸류업이 가능할 리 없습니다.

안타깝게도 대부분 개미들은 이런 주식시장의 현실을 모릅니다. 문제를 알아야 바꿀 수 있는데, 문제가 뭔지도 잘 모르는 겁니다. 그 결과는 결국 손실로 이어지죠. 투자의 기본은 아는 데서 시작합니다. 그래야 문제를 해결할 실마리도 찾을 수 있는 거 아니겠습니까?

2

상법 개정해줄게,
배임죄 폐지해다오

상법은 이사의 역할을 이렇게 정의합니다. "회사를 위하여 그 직무를 충실하게 수행하여야 한다." 이 조문을 근거로 이사들은 말합니다. "나는 삼성전자, SK 같은 회사를 위해 일할 거야." 얼핏 당연해 보이는 이 말에는 함정이 있습니다. 바로 '주주'가 빠진 반쪽짜리 말이라는 겁니다. 저 조문 때문에 수많은 소액주주의 이익이 등한시되고 있습니다. 그래서 상법에 "회사를 위하여" 대신 "주주의 비례적 이익과 회사를 위하여"라고 문구를 명문화하자는 움직임이 나오고 있는 겁니다.

실제로 상법에서 '회사'라고만 규정하니, 이사가 소액주주의 이익을 무시하는 결정도 합법이 됩니다. 우리나라 법은 소액주주의 이익을 전혀 보호하지 못하고 있습니다. 쪼개기 상장, 물적분할 등 합법을 가장한 도둑질이 주식시장에 팽배한 거죠.

1996년 에버랜드 이사회는 당시 시세의 10분의 1도 안 되는 수준으로 전환사채를 발행했습니다. 주가를 떨어뜨릴 수 있는 결정을 이사회가 내린 겁니다. 나중에 전환사채가 주식으로 전환될 때 에버랜드 주식 가치는 당연히 희석될 수밖에 없었습니다. 저런 결정을 내린 이사에게 소액주주가 이유를 묻자 이사가 답했습니다. "내가 당신들 이익까지 신경 써야 합니까? 나는 회사만 신경 쓰면 되죠." 이사의 말은 놀랍게도 법적으로 문제가 없는 말입니다. 다음은 에버랜드 사건 때의 판례입니다.

> "회사의 이사는 회사의 사무를 처리하는 지위에 있지만,
> 개별 주주들의 사무를 처리하는 지위에 있는 것은 아니다."

법원은 정말 상법을 근거로 이사의 역할을 '회사를 위해서만 일하면 된다'라고 해석한 거죠. 그래서 21대 국회 때 민주당이 상법 개정안을 발의했습니다. 이사의 역할 범위를 회사뿐 아니라 '회사와 주주'로 넓혀야 한다고 말한 겁니다. 하지만 21대 국회 때는 별 소득 없이 지나가버렸습니다. 22대 국회 때 민주당이 다시 한번 상법 개정안을 발의했습니다. 문제의 문구를 다음처럼 바꾸길 주장했죠. "이사는 주주의 비례적 이익과 회사를 위해 일해야 한다."

그런데 윤 정부 측근인 이복현 금감원장이 뉴욕에서 놀라운 말을 했습니다. 이 상법 개정을 자신도 찬성한다고 말한 겁니다. 또 국내에 들어와서도 일관된 얘기를 던집니다. "나도 찬성합니다. 이사의 충실의무 조항 개정이 바람직하다고 생각합니다." 심지어 기획재정부 최상

목 부총리도 상법 개정이 바람직하다는 식으로 말합니다. 민주당이 상법 개정안을 발의한 이유는 충분히 이해되는데, 경제 정책을 좌지우지하는 사람들마저 시장에 같은 신호를 보냈으니 놀라운 일이죠. "상법 개정이 정말로 될 수도 있겠네?"

금감원장은 상법을 개정해야 하는 이유로 기업의 밸류업을 들었습니다. 윤 정부는 2024년 초부터 기업 밸류업을 주장했는데요. 정부가 보기에도 코리아 디스카운트를 해소하려면, 이사의 충실의무는 개정돼야 한다고 판단한 겁니다. 그때만 해도 여야가 뜻을 모아 주주를 위해 손을 잡는 아름다운 광경처럼 보였습니다. 하지만 역시나, 재계에서 상법 개정을 순순히 받아들일 리가 없죠. 이걸 빌미로 정말 어마어마한 이야기가 오가기 시작했습니다.

ⅲ 상법 개정? 내 회사인데, 누구 맘대로?

재계는 일단 상법 개정을 무조건 반대합니다. 반대 이유? 사실 뻔하죠. 회사를 내 맘대로 하고 싶은 겁니다. 그런데 속내를 그대로 말할 수는 없으니 갖가지 명분을 들먹입니다.

첫째, "모험적인 인수·투자가 불가능해진다." 예를 들어 M&A처럼 경영진의 모험적인 결정이 단기적으로 주가에 영향을 줄 수 있기 때문에 "모험적인 투자를 가로막는 폐해가 있을 것이다."라고 말하는 겁니다.

둘째, "장기 투자가 불가능해진다." 주주 중에 장기적인 관점으로 투자하는 사람은 많지 않습니다. 당장 성과를 내서 배당하라고 말하는 투자자가 많죠. 때문에 기업 운영에 반드시 필요한 장기 투자가 불가능해진다고 말하는 겁니다.

셋째, "주주라고 해서 다 똑같은 주주는 아니다." 단기 투자자, 장기 투자자, 소액 투자자, 대규모 투자자, 국내 투자자, 외국인 투자자 등 주주는 천차만별입니다. 이걸 주주라는 말로, 하나의 이해관계로 모은다는 생각 자체가 이상적인 얘기일 뿐이라는 겁니다.

넷째 "이사는 회사가 고용한다." 우리나라 상법은 회사와 이사의 관계를 토대로 상법을 기술하고 있습니다. 여기에 주주가 들어간다는 건 단순히 조문 하나를 바꾸는 게 아니라 상법 전체를 흔드는 조항입니다. 따라서 성급한 결정보다 충분한 논의가 필요하다는 말입니다.

이런 명분으로 재계는 상법 개정을 반대하고 있습니다. 하지만 반대하는 진짜 이유는 따로 있습니다. 간단히 말하자면 '소송과 구속의 우려', 그리고 '경영권 유지'입니다.

ⅲ 책임이 늘어? 책임을 안 물으면 되지!

자, 형법에 '배임'이라는 게 있습니다. 배임은 쉽게 말해 '타인의 사물을 처리하는 자'가 그 의무를 저버리는 행위입니다. 이사가 배임을 저지르면 감옥에 가는 겁니다. 이사는 '타인의 사물을 처리하는 자'입니다. 이때 이사의 타인은 바로 회사입니다. 그래서 이사가 회사에 손해를 끼치거나, 자신의 의무를 다하지 않으면 배임죄로 처벌받는 겁니다. 쉽게 말해 민주당의 상법 개정안은 이사의 의무 중 타인의 범위를 '회사'에서 '회사와 주주'로 늘리자는 겁니다.

회장님이 이사에게 말합니다. "물적분할 해! 저가로 전환사채 발행해!" 여태까지는 주주가 뭐라 하든 이사는 그냥 회장 말대로 했죠. 근데 상법을 개정하면 저런 결정이 배임죄로 걸릴 수 있게 됩니다. 주주는 환호하고, 이사는 꺼리는 부분이죠.

금감원장이 처음에는 분명 이렇게 말했습니다. "상법 개정안은 한국 주식시장 디스카운트를 해소하는 좋은 정책이야!" 그래서 여야가 함께 일어나 두 손으로 박수를 보낼 뻔했는데요. 재계에서 상법 개정을 강력하게 반대하니까, 이제 슬그머니 딴 얘기를 합니다. "상법을 개정해서 이사의 충실의무를 넓히는 건 좋은데, 재계는 배임죄를 걱정하는 거 아닙니까? 그러니 배임죄를 폐지하겠습니다!" 이런 태도를 보면 정책이 누구를 위하는지 다시 한번 확인하게 됩니다.

지금 상법 개정을 찬성하는 사람이 있고, 반대하는 사람이 있습니다. 대표적인 반대 의견은 기업이죠. 기업은 이런 생각을 하지 않을까요? '아무리 반대해도 22대 국회는 민주당이 압도적인 과반이기 때문에 정말 상법 개정이 추진될 수 있겠네?' 상황이 이런데 그저 "우리는 상법 개정 반대합니다!"라고 외치기만 할까요? 자신들이 반대하더라도 통과될지 모른다는 생각이 들면, 당연히 플랜 B를 준비할 겁니다.

재계가 제시할 수 있는 딜은 정말 다양한데요. 가벼운 순서부터 알아보겠습니다. 첫 번째는 이런 얘기입니다. "이사의 충실의무를 넓히고싶어? 그럼 '경영 판단의 원칙'도 조문에 넣어 줘!" 상법을 개정하면 이사는 회사와 주주를 위해 일하게 됩니다. 그런데 이사의 어떤 결정 중에는 악의적인 의도가 없는 결정도 결과적으로 회사나 주주에게 손해를입힐 수 있습니다. 이사가 회사의 경영을 위해서 최선을 다했다면, 설사손해가 발생하더라도, '경영 판단'에 해당하니까 면책해달라는 거죠.

'경영 판단의 원칙'은 사실 미국에서 나온 이론입니다. 구체적으로설명하면 다음과 같죠. "이사들이 신의·성실에 따라서 회사의 최고 이익을 생각했고, 판단에 근거가 있으며, 유의미한 판단이고, 그 판단에어떤 개인의 이익도 개입하지 않았을 때, 이처럼 이사가 최선을 다해서회사를 위해 일했다면, 설사 손해를 끼쳤다고 하더라도 이사에게 개인적인 책임을 부담하지 않는다." 미국에서 확고한 판례가 있는 원칙이죠.이게 재계에서 첫 번째로 말할 수 있는 딜입니다. 이 정도 요구는 충분히 합리적이죠.

ııı **재계의 두 번째 딜: 배임죄 폐지**

두 번째는 '배임죄 폐지'입니다. "이사의 충실의무를 넓히면 배임 때문에 고소당하는 사람이 많아진다, 무서워서 회사를 경영할 수가 없다, 배임죄를 없애 달라." 이 요구는 아까 말했던 '경영 판단의 원칙'보다 더 강력한 요구입니다. 이사를 처벌할 수 있는 근거인 배임죄를 아예 없애달라는 거니까요.

금감원장의 말이 실망스러웠던 이유는요. '이사의 충실의무'를 개정할 때 당연히 반대 측과 여러 요구나 대안을 얘기할 수 있습니다. 하지만 '경영 판단의 원칙' 얘기를 건너뛰고 바로 '배임죄 폐지'를 얘기한 부분이 아쉬웠죠. 기업 밸류업을 위해 상법을 개정하려는 건데, 깊은 고민 없이 그냥 말부터 뱉는 게 보이니까요. 금감원장이 '배임죄 폐지' 관련 권한이 있는지는 나중에 얘기하고요. 만약 배임죄를 없애면 이사가 잘못된 결정을 했을 때 어떻게 처벌하려는 걸까요? 처벌 조항이 없는데, 당연히 문제가 되지 않을까요?

배임죄가 없는 나라도 분명 있습니다. 대표적인 나라가 미국입니다. 왜 미국은 배임죄가 없어도 시장이 투명하게 유지되냐면요. 이사가 회사나 주주에게 손해를 끼치고 이해 충돌에 제대로 대응하지 않으면, 다른 방식으로 엄청난 처벌을 받거나 책임지게 되어 있기 때문입니다. 집단소송의 경우는 말도 못 하고요. 주주 대표 소송도 많이 일어납니다. 그래서 배임죄가 없어도, 시장이 유지되죠.

그런데 우리는 배임죄를 빼면요. 이사가 주주, 회사에 책임질 수 있는 조항이 거의 없다고 보면 됩니다. 금감원장이 이런 얘기를 했어요. "배임죄를 폐지해야 한다. 왜냐면 우리나라는 무슨 일만 있으면, 세상 모든 삼라만상을 다 배임으로 해결하려고 한다." 그 말을 듣고 속으

로 이런 생각이 들었습니다. '말 잘했네, 그게 바로 배임죄의 존재 이유다.'

미국 같은 나라는 배임죄가 없어도 이런저런 수단이 정말 많죠. 투자자가 그 무기로 경영진의 일탈을 제어할 수가 있다는 겁니다. 하지만 우리는 무기가 배임밖에 없습니다. 그래서 겨우 배임 하나로 어떻게든 물고 늘어지는 겁니다. 그런데 배임마저 없어지면 이제 어쩌려고 그러는 걸까요?

대통령이 이렇게 말한다고 생각해보세요. "나는 국가만 생각하고 국민은 몰라." 민주주의 사회에서 난센스 아닌가요? 시장도 마찬가지입니다. "이사가 주주는 몰라도 되고, 회사만 신경 써도 된다." 이건 진짜 말장난이죠. 저게 한국에서 확립된 판례라고 얘기하면요. 외국인 투자자들은 이해를 못 합니다. "그럼 이사는 어떻게 통제해?"라고 물으면, "몰라, 우리는 그냥 여차하면 형법으로 가는 거야, 배임으로." 이렇게 말해온 겁니다. 이래서 상법을 수정하려고 하는 건데 배임죄를 폐지하자는 건 상법 개정 맥락을 전혀 이해하지 못한 거죠.

반드시 알았으면 하는 게 있는데요. 우리나라 국민 중 약 1,400만 명이 주주 아니겠습니까? 상법 중 여러분과 관련된 조문을 꼭 한번 찾아보세요. 지금 상법은 최대주주를 위한 내용이라고 봐도 무방합니다. 우리가 이재용, 정용진, 최태원이 아니잖아요. 약 100명을 뺀 나머지가 모두 일반 주주인데요. 조문에 지금 일반 주주를 위한 내용을 추가하려고 이런 얘기들이 오가는 겁니다. 그런데 이걸 누가 반대하는지를 살피면 지금이 어떤 상황인지 파악하기 쉽습니다.

미리 돗자리를 깔아보면요. 정부, 여당 일각에서 2023년 말부터 2024년 초까지 나왔던 얘기가 있거든요. 이 상법 개정안이 화제가 되면 될수록, 과거 정부가 언급했던 내용들이 이사의 충실의무 논의의 장에 끼어들 겁니다. "그래, 너희가 이사의 충실의무로 우리를 견제하고 싶어? 그럼 우리는 전혀 새로운 접근을 할 거야." 이렇게 말하면서 진짜 속내가 뭔지 얘기하겠죠. 이게 재벌들이 진짜로 하고 싶은 얘기일 겁니다. 아까 '경영 판단의 원칙, 배임죄 폐지'보다 더한 얘기가 앞으로 등장합니다. 그게 뭐냐?

이 모든 움직임의 본질, 재계가 원하는 근본은요. 바로 "이 회사를 영원히 지배할 거야."입니다. 현재 정부의 고위 관계자에게서 이런 뉴스가 계속 나오고 있죠. 바로 3종 세트 '포이즌 필, 차등의결권주식, 황금주'입니다. 이사의 충실의무가 여기까지 이어지는 겁니다.

ⅠⅠⅠ 재벌들의 복심: 포이즌 필

포이즌 필(poison pill)이 뭘까요. 간단히 말해서 독약입니다. 회사에 적대적 M&A가 들어올 때, 정관에 이런 조항을 심어놓는 거죠. "적대적 M&A 때 저가로 신주를 기존 주주들에게 왕창 배정할 수 있다." 이게 포이즌 필입니다. 왜 독약이냐고요? 적대적 M&A를 시도하는 쪽에서 본다면 독약이니까요.

예를 들어 A와 B가 50대 50으로 회사를 갖고 있는데요. 외국인이

이 회사에 적대적 M&A를 시도한다고 해봅시다. 그때 주식이 시장가로 한 주당 100만 원인데, A와 B가 10만 원에 무한으로 주식을 발행할 수 있다면, M&A가 사실상 불가능해지는 거죠. M&A를 시도하는 측의 지분을 무한대로 희석할 수 있는 겁니다. 어떤 외부의 적대적 M&A도 이 조항이 있다면 손쉽게 방어할 수 있겠죠. 이 얘기가 정부 고위 관계자 출처로 은연중에 나오고 있습니다.

미국, 프랑스 등 다른 나라에도 포이즌 필이 있기는 있습니다. 이걸 재벌들이 얼마나 간절히 원하냐면요. 당시 야당의 반대로 무산되긴 했지만, 이명박 정부 때 이미 도입하려고 했었고요. 심지어 이재용 삼성 회장이 박근혜 당시 대통령을 독대했을 때 포이즌 필 관련 대화를 했었다는 게 재판 기록에 나옵니다. 삼성 회장이 대통령과 독대할 때 들어갈 청탁 리스트 안에 있을 정도로 이게 재벌들의 복심이라는 거죠.

하긴 재벌 회장의 입장은 이해가 갑니다. 툭하면 경영권을 노리는 외국인 투자자들의 공격을 받으니까요. 근데 재계는 포이즌 필과 기업 밸류업을 엮어서 설명합니다. "포이즌 필이 있으면 경영권이 안정되니까, 자사주를 쌓아놓지 않고 기업 경영에 매진할 수 있다." 재밌는 논리죠. 도둑이 이런 말을 하는 것과 비슷합니다. "내게 충분한 돈을 준다면 이제 도둑질을 하지 않겠다."

포이즌 필을 반대하는 사람들은 이렇게 말합니다. "오히려 한국 사회의 특징상 안정적인 경영권이 보장되는 순간 더 엉망진창이 된다. 회사가 경영 실패를 겪거나 지배 구조에 흠이 있으면 시장 내에서 교정이 돼야 하는데, 그런 교정 작용을 완전히 차단하면 지배 구조만 고착될 것이다." 포이즌 필이 그냥 재벌가의 영원한 지배를 위한 제도라는 비판입니다.

ⅢⅠ 바늘로 뚫고 균열 내기: 차등의결권주식

차등의결권주식은 의결권이 다른 주식입니다. 우리나라 상법상 대원칙이 있습니다. '1주는 1표'라는 거죠. 이게 대원칙입니다. 이 원칙이 지금 구멍 났죠. 벤처기업의 경우 예외로 차등의결권주식을 적용한 겁니다. 예를 들어 새로운 벤처기업을 만든다고 가정합시다. 그 회사가 엄청나게 성장해서 이제는 세계적인 기업으로 뻗을 수 있는 순간까지 왔습니다. 그쯤 되면 회사는 사업 확장을 위해 선택해야 합니다. 대자본의 수혈을 받든지 IPO(기업공개)를 하든지 말이죠.

하지만 갑자기 큰 자본의 수혈을 받으면 그만큼 창업자가 갖고 있던 자본 비율이 훅 낮아집니다. 외부 자본이 커지는 만큼 회사를 뺏길 가능성도 커지죠. 그렇게 되면 벤처가 충분히 성장할 때까지 창업 정신을 유지하기 어렵습니다. 그래서 창업자, 창업기업 오너 등은 외부 자본이 들어오더라도 경영권을 뺏기지 않도록 보호하는 장치가 필요합니다. 그게 바로 차등의결권주식입니다. 하나의 주식으로 의결권을 10배까지 늘려서 행사할 수 있다는 특별한 조항입니다. 2023년 11월부터 한국에서도 시행됐죠.

그 당시도 굉장히 찬반이 뜨거웠고 아직까지도 논쟁이 식지 않고 있는 주제입니다. 차등의결권주식 자체로도 문제지만 이런 반론이 인상 깊었죠. "재벌이 언젠가 차등의결권주식을 달라는 명분으로 분명 쓰일 것이다."

예를 들어 차등의결권주식을 가진 벤처 회사가 결국 성장하고 나중에 상장까지 되면, 벤처는 차등의결권주식이 있는 상장회사고, 일반 상장회사는 차등의결권주식이 없는 상장회사가 돼버립니다. 이때 같은 시장 안의 회사 대 회사의 형평성 문제로 논의가 열릴 수 있겠죠. 이런 상황이 일반 상장회사가 차등의결권주식을 가지게 되는 신호탄으로 활용될 수 있다는 겁니다. 이런 논의가 이사의 충실의무 확대에서 등장할 수 있다는 거죠.

물론 지금은 벤처가 일정 규모 이상이 되면, 차등의결권주식을 박탈하고, 일반 회사와 똑같이 만든다는 내용이 있습니다. 또 10년이면 차등의결권주식이 없어진다는 일몰 조항도 있고요. 하지만 재벌, 대기업에 유리한 정책들은 일단 구멍이 뚫리면요. 거기에 조금씩 균열을 내면서 점점 커지는 경향이 있습니다. 한 번 뚫린 구멍이 다시 메워진 적은 없다는 겁니다. 그래서 지금 있는 조항으로 시장이 영원히 운영된다는 보장은 사실 없는 거죠.

차등의결권주식은 다른 나라에도 많이 있는 제도입니다. 다만 그들과 우리는 상황이 다릅니다. 미국은 쉽게 말하면 칼, 총, 방패, 대포 등 무기가 다양합니다. 누구나 공평하게 맘껏 쓰고 경쟁할 수 있습니다. 그런데 한국은 다른 무기가 없습니다. 자유로운 링이 아닌데, 차등의결권주식만 풀어줘, 이렇게 말하는 겁니다.

차등의결권주식은 포이즌 필과 마찬가지로 경영진의 도덕적 해이를 유발할 수 있습니다. 그뿐이 아닙니다. 다른 문제는 지분율 괴리가 있죠. 내가 실제로 갖는 지분율과 의결권에 해당하는 총지분이 다르니까요. 이 괴리 때문에 정말 많은 문제가 일어날 수 있습니다. 예를 들어 상속에도 악용할 수 있죠.

내가 의결권이 10배 많은 차등의결권주식을 가지고 있다고 해봅시다. 그러면 이 한 주와 시장의 한 주는 사실 같은 값이 아닙니다. 또 내 주식 때문에 시장의 주식은 당연히 저평가된 상태일 겁니다. 그때 내 자식들이 디스카운트된 상태의 보통주를 매수합니다. 그런 다음 내 차등의결권주식을 없애버리면, 그만큼 주가가 올라가겠죠. 이런 식의 꼼수는 활용 방안이 무궁무진합니다. 재벌들은 더욱더 기발한 방법들을 찾아내서 열심히 활용하겠죠.

▥ 회장님의 절대반지: 황금주

황금주(golden share)는 뭘까요? 쉽게 말하면 영화 「반지의 제왕」에 나왔던 '절대반지' 같은 겁니다. 어떤 안건이 들어오더라도 그 안건 자체를 무력화할 수 있는 주식이 황금주입니다. 대통령의 거부권과 비슷하죠. 황금주 제도는 다른 나라에서도 쉽게 볼 수 있는 제도입니다.

유럽의 황금주는 공기업이 민영화될 때 생겼습니다. 보유한 주식수에 상관없이 민영화된 기업에 국가의 전략적 이익을 보호하기 위해서 만들어진 겁니다. 그마저도 시간이 지나면서 많은 제한 사항이 추

가로 붙었습니다. '절대반지'처럼 모든 걸 해결하는 만능열쇠는 아니라
는 얘기입니다.

우리나라 재계가 황금주를 원하는 이유는 적대적 M&A를 방어할
수 있는 '절대반지'이기 때문입니다. 황금주가 만들어진 배경은 무시하
고 기업의 경영권을 유지하려는 목적만 남은 겁니다. 황금주 같은 제
도는 악용할 여지가 다분하니 절대로 함부로 만들어서는 안 됩니다.

ııı 상법만 개정할 수는 없을까?

지금까지 정말 다양한 제도를 살펴봤는데요. 우리가 상법 개정안
을 말할 때 재계는 '포이즌 필, 차등의결권주식, 황금주' 등 온갖 잡다
한 플랜 B를 말할 수 있다는 겁니다. "다른 나라도 다 있다!" 이렇게 단
편적인 해외 사례를 들춰내면서요. 사실 그 제도의 배경이나 실제 기
능하는 역할을 보면 우리와 상황이 전혀 다른데도 말입니다.

상법 개정안은 민주당 일각에서 이미 추진 중입니다. 시장과 많은
주주도 '이사의 충실의무'는 문제가 있다는 사실을 인지하고 있죠. 재
계는 어차피 피할 수 없는 주제를 밖으로 꺼내서 받아주는 척하면서,
플랜 B로 이것저것 던져보는 겁니다. "그럼 경영 판단의 원칙을 넣어
줘, 아니 배임죄 없애줘, 포이즌 필, 차등의결권주식, 황금주는 어때?"

황금주, 우리 시장에서 그게 되겠습니까? 모든 안건을 전면으로
거부할 수 있는 절대반지라는 게 우리 시장에서 가능이나 하겠냐고

요. 그런데 얘기하고 보는 거죠. 되면 좋고, 안 돼도 그만이니까요. 그런데 이런 논의가 이제 줄줄이 나올 겁니다. 그래서 이사의 충실의무 하나만 아는 게 아니라, 여기에 얽힌 논의들, 논의가 나오는 배경, 논의를 제시하는 목적 등을 알아둬야 합니다. 그것만 알아도 현재 우리나라 자본시장 제도 관련된 주요 개선 사항을 반 정도는 벌써 파악하고 있는 겁니다.

민주당이 독자적으로 하면 상법 개정안만 단독으로 통과하는 것도 가능하겠죠. 하지만 정치로 볼 때 수권정당 측면에서 약간 중도적인 논의들이 늘 마지막에 힘을 얻는 거 아니겠습니까? "그래도 재계의 이야기를 들어봐야지, 과격한 입법 때문에 시장에 혼선을 주니 어느 정도 보완책도 같이 마련해야지." 이처럼 정치에서는 호랑이를 그리려다가 고양이로 끝나는 게 일상이니까요. 그렇더라도 배임죄 폐지 같은 말도 안 되는 경우는 막아야죠. 혹을 떼다가 혹을 열 개는 더 붙이는 꼴은 무조건 막아야 합니다.

마지막으로 상법 개정이 왜 중요한지 다시 한번 강조하겠습니다. 결국 주주의 이익을 보호하자는 말이 중요한 거 아니겠습니까? 근데 상법을 개정하지 않으면요. 앞으로 벌어지는 수많은 주주를 기만하는 사례 모두가 늘 사후 약방문 꼴이 나게 됩니다. 그런데 이 조항이 맨 위 상단에 들어가는 순간, 그런 후발 조치가 필요 없게 됩니다. 단순한 조문 하나가 아니라, 시장 원칙을 명확히 하는, 기업 생태계를 바꾸는 조문이라고 보시면 됩니다.

3

금감원 맛 좀 볼까?
두산, 악마의 합병 비율

· · ·

두산그룹 사업 재편안에 지금 제동이 걸렸습니다. 두산밥캣과 두산로보틱스의 합병이 주주 권리, 특히 소액주주의 권리를 침해하는 것이 아니냐는 지적이 나오고 있는데요. 문제가 뭔지 쉽게 알아보겠습니다. 먼저 합병의 주인공인 두 회사를 간단히 알아야 합니다.

두산밥캣은 두산그룹 전체에서 가장 알짜인 회사입니다. 두산그룹 전체 현금흐름에서 과장을 좀 보태면 대략 80%~90%를 혼자 벌어들이고 있습니다. 뭐 하는 회사냐면요. 기중기, 지게차, 굴삭기 같은 중장비를 만드는 회사입니다. 세계에서도 인정받는 기업이죠. 원래는 미국 회사였는데요. 두산이 2007년에 밥캣을 큰맘 먹고 인수했습니다. 한때는 어려웠으나 최근에는 완전히 알짜 회사로 자리 잡아 두산의 효자 역할을 하고 있죠. 두산로보틱스는 미래가 밝아 보이는 회사입니다. 로봇을 만들고, AI 신기술과 접목될 가능성도 있죠. 문제는 아직

수익이 없고, 앞으로도 들어갈 돈이 더 많은 회사라는 점입니다.

두산밥캣은 현금을 많이 벌고, 두산로보틱스는 그야말로 돈 먹는 하마입니다. 두산 입장에서는 알짜 회사인 두산밥캣의 현금을 '직접 쓰고 싶다'는 욕심이 생길 수 있겠죠? 또 두산로보틱스는 앞으로 들어갈 돈을 마련할 획기적인 방법이 필요한 상황입니다. 이런 두 가지 생각을 하다가 결국 이런 생각까지 이른 겁니다. '둘을 합치면 어떨까?'

그런 생각을 분명 할 수도 있죠. 그럼 정정당당하게, 주주들 대다수가 불만이 없도록 합치면 됩니다. 하지만 여기서 한국 재벌들의 고질병이 등장합니다. 자기 돈을 쓰지 않고, 소액주주들의 이익은 등한시하면서, 대주주·오너의 이익을 최대한 보장하는 방식으로 합병을 진행한 겁니다. 그게 이번 문제의 본질입니다. 기시감이 많이 들죠. 이런 일이 한두 번 있었던 것도 아니고요. 웃긴 건 이게 다 합법이라는 점입니다. 소액주주들 뒤통수를 합법적으로 때리는 겁니다.

ⅠⅠⅠ 소액주주 뒤통수치기 ① 신설 법인 만들기

두산그룹의 합병 시나리오를 살펴보죠. 먼저 두산은 알짜 회사인 두산밥캣을 두산로보틱스에 갖다 붙이기로 마음먹습니다. 그럼 두산밥캣을 두산로보틱스에 어떻게 붙일지 방법을 연구하겠죠. 그런데 알고 보니, 두산밥캣은 두산의 손자회사입니다. 두산이라는 할아버지 회사가 있고, 두산에너빌리티라는 아버지 회사 아래 두산밥캣이 있는 겁니다. 두산로보틱스는 두산의 다른 자회사입니다. 두산밥캣이 결과적으로 두산로보틱스와 합병하게 되면 두산밥캣은 손자회사에서 자회사로 탈바꿈되겠죠.

각 회사의 지분을 간단히 살펴보면요. 두산은 두산로보틱스의 지분을 42% 정도 가지고 있습니다. 반면, 두산밥캣은 두산이 지분을 직접 보유하고 있지 않습니다. 대신 두산밥캣의 모회사인 두산에너빌리티 지분을 30.39% 가지고 있죠. 또 두산에너빌리티는 두산밥캣 지분을 46.06% 가지고 있습니다.

두산 밥캣-두산로보틱스 합병 전후

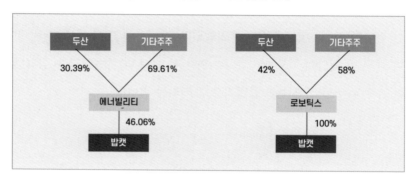

먼저 두산은 두산에너빌리티를 쪼개기로 결심합니다. 두산에너빌리티를 쪼개서 기존 사업을 하나의 회사로 남겨두고, 새로운 법인을 신설해서 두산에너빌리티 밑에 있는 두산밥캣을 신설 법인에 붙이는 거죠. 그럼 두산에너빌리티의 주식도 두 가지로 나뉩니다. 원래의 두산에너빌리티와 두산밥캣이 들어간 신설 법인으로요. 그런데 여기서 구 법인과 신설 법인을 나눌 때, 7대 3의 비율로 나눕니다. 여기서 7은

기존에 있던 두산에너빌리티고, 3은 두산밥캣이 들어간 신설 법인입니다.

예를 들어 두산에너빌리티 주식을 100주 가지고 있던 주주라면요. 70주는 기존에 있던 두산에너빌리티 주식이고, 30주는 뉴두산에너빌리티 주식이 되는 겁니다. 이렇게 되면 기존 주주는 두산밥캣의 배당 70%가 사라지는 거나 마찬가지겠죠. 이 일로 두산에너빌리티 주주는 최대주주에게 1차로 뒤통수를 맞습니다. 하지만 이건 시작에 불과했죠.

ⅠⅠⅠ 소액주주 뒤통수치기 ② 상장사와 비상장사 합병하기

그다음 두산은 두산밥캣이 포함된 신설 법인을 두산로보틱스와 합칩니다. 이렇게 복잡하게 합병하는 데는 다 이유가 있습니다. 상장사끼리 합병할 때는 쉽게 말해 시가로 합병합니다. "지난 한 달간 종가가 얼마였어? 어제 종가는 얼마였어?" 이 가격을 묻고 더하고 빼서 회사끼리 합치죠. 두산에너빌리티도 상장사입니다. 하지만 이걸 둘로 쪼개면, 기존에 있던 법인은 여전히 상장사지만 새로 생긴 신설 법인은 상장심사를 통과하기 전까지 비상장사가 됩니다. 비상장사와 상장사가 합병할 때는 상장사는 시가로, 비상장사는 장부가로 평가해서 합병합니다.

아까 두산에너빌리티와 뉴두산에너빌리티의 비율을 7대 3으로 나눴죠. 뉴두산에너빌리티의 장부가는 100주 중에서 새로 가져온 30주만 평가하면 됩니다. 디스카운트가 70% 들어가는 거죠. 이렇게 할인을 적용하고 뉴두산에너빌리티와 두산로보틱스를 합쳐버리면 두산에너빌리티에 있던 두산밥캣이 두산로보틱스의 자회사 두산밥캣으로 변경됩니다.

ⅢⅠ 소액주주 뒤통수치기 ③ 합병 타이밍은 대주주 마음대로

아직 한 단계 더 남았습니다. 이제 두산로보틱스의 자회사가 된 두산밥캣과 두산로보틱스를 합칩니다. 두산밥캣은 상장했기 때문에 두산밥캣과 두산로보틱스는 시가로 합쳐집니다. 그 결과 주식 교환 비율이 두산밥캣이 1, 두산로보틱스가 0.63으로 나왔습니다. 쉽게 말해 두산로보틱스가 더 비싸게 나온 겁니다. 두산밥캣 100주가 두산로보틱스 63주로 바뀌는 겁니다. 이게 과연 정당한 비율일까요?

2023년 두산밥캣 vs 두산로보틱스

(단위 : 억 원)

회사명	매출액	영업이익	시가총액 (2024년 8월)	주가 추이 (2024년 8월)
두산밥캣	97,589	13,899	49,000	2023년 8월 대비 -19%
두산로보틱스	530	-191	57,700	공모가 대비 242% 상승

2023년 두산밥캣의 매출액이 9조4,000억 원입니다. 두산로보틱스는 매출이 530억 원이고요. 영업이익도 보겠습니다. 두산밥캣은 영업이익을 1조4,000억 원 정도 남깁니다. 반면 두산로보틱스는 영업이익

이 마이너스 191억 원입니다. 매년 적자 중이죠. 시가총액은 두산밥캣이 4조9,000억 원, 두산로보틱스는 5조7,700억 원입니다. 두산로보틱스가 오히려 더 높죠. 매출과 영업이익은 비교할 수도 없는 수준인데, 시가총액만 두산로보틱스가 더 높은 겁니다. 두산밥캣의 2024년 8월 주가는 2023년 8월 대비 19% 하락했습니다. 반면 두산로보틱스는 공모가 대비 무려 242%나 상승했습니다.

이러니 두산 입장에서는 드디어 큰 그림이 그려지는 겁니다. "두산로보틱스는 변변치 않고 돈도 많이 못 벌지만, 시장에서 무려 5조7,700억 원짜리 회사네? 반면에 두산밥캣은 영업이익이 매년 1조가 넘는 진짜 효자 기업인데 시장에서 4조9,000억 원으로 저평가되어 있네? 이 둘을 시가 기준으로 합쳐보자." 이렇게 두산밥캣과 두산로보틱스의 합병 비율, 1대 0.63이 등장합니다. 두산이 합병 방안을 시장에 발표하자 당연히 일반 주주와 시장은 반발했습니다. 이 반발 내용이 보면요, 구구절절 다 맞는 말입니다.

▸▸▸ 주주 알기를 똥으로 아네?

이 반발을 살펴보기 전에 시가로 상장사끼리 합치는 게 왜 문제인지 설명하겠습니다. 언뜻 보면 두산로보틱스가 로봇 관련된 미래 사업이니까요. "지금은 돈을 못 벌지만, 앞으로는 훨씬 더 가능성 있다. 그래서 주가가 고평가됐다." 이렇게 볼 수도 있습니다. 시장의 평가니까 두산도 문제가 없다고 주장하는 겁니다. 형식적으로는 다 합법이고 이유가 있어 보이죠.

그럼 이게 왜 문제일까요? 각 회사의 합병 비율도 법에 따라 진행되었죠. 합병 명분도 이렇게 말합니다. "로봇이나 중장비나 기계 라인 아니냐, 그룹 전체의 기업 포트폴리오 재배치로 최적의 밸런스를 찾기 위한 합병이다." 정말로 문제가 딱히 없어 보입니다. 두산에서 "두산밥캣의 배당금을 빼 오기 위해서 합병합니다."라고 말은 안 하니까요.

그런데 생각해보면 이상한 정황이 너무 많습니다. 시장은 이렇게 말하죠. "기계 라인끼리 묶으려면 애초에 묶지, 왜 지금이냐?" 시장을 보면 두산로보틱스는 분명 고평가됐고, 두산밥캣은 현저히 저평가되어 있습니다. 두산이 지금 같은 타이밍에 합병을 시도하는 것 자체가요, 의도가 담겼다고 볼 수밖에 없는 겁니다.

합병 타이밍은 이사회가 정하는 겁니다. 이 타이밍만 놓고 분석하면 가장 억울한 사람은 일반 주주고, 가장 이득을 보는 사람은 최대주주입니다. 두산은 이런 순간이 올 때까지 굳이 합병할 필요가 없습니다. 기다리면 언젠가 손도 안 대고 코 풀 수 있는 타이밍이 오니까요. 일부러 최대주주의 이익이 극대화되는 시점까지 합병을 기다려 왔다는 거죠. 일반 주주는 그 모든 과정에서 철저하게 소외당했습니다.

또 하나는, 두산밥캣의 주가가 제대로 된 평가를 받은 것이 맞냐는 의문입니다. 두산로보틱스가 고평가된 건 시장이 고평가한 겁니다. 가짜 호재를 내든, 미래가 밝다고 거짓 리포트를 내든, 그건 모르겠지만 일단 시장이 고평가한 거죠. 그런데 두산밥캣은 주가 상태가 정말 이상합니다. 회사 실적에 비해 주가가 너무 저평가 상태니까요.

두산이 최적의 합병 비율을 만들려면 두산밥캣의 시총은 낮고 두산로보틱스의 시총은 높은 것이 유리합니다. 시장에서 의문을 제기하는 것은 이런 지점입니다. 두산이 두산로보틱스의 주가가 고평가되는 것은 방치하고 두산밥캣의 주가가 오르는 것은 억제한 것이 아니냐는 겁니다.

시장이 주장하는 근거는 두 가지입니다. 첫째는 두산밥캣이 스스로 좋은 평가를 하지 않았다는 겁니다. 일반적인 기업이라면 주총, 사업보고서 발표, 컨퍼런스콜 등을 할 때 기업 가치를 인정받기 위해 엄청나게 노력합니다. "저희가 이렇게 장사를 잘하고 있습니다. 앞으로도 장래가 밝습니다." 이런 식으로 투자를 권유하는 것이 당연한 거죠. 그래서 보통은 기업의 예상 실적과 실제 수치가 유사하거나 조금만 넘어도 시장은 잘했다고 평가합니다. 근데 두산밥캣은 항상 스스로 발표한 예상 실적보다 늘 실제 수치가 더 좋았습니다. "쟤네는 어떻게 기대보다도 늘 잘하지?" 주주들은 이렇게 생각했었는데요. 지금 보면 늘 할 수 있는 실적보다 스스로 전망을 낮게 잡은 것이 아니냐는 의심이 생기는 겁니다. 주가를 억제하고, 두산로보틱스와 합병하기 위해서요.

둘째는 두산밥캣이 좋은 실적에도 배당에 소극적이었다는 점입니다. 2022년부터 배당할 수 있는 돈이 많이 쌓여 있었고요. 배당준비금으로 1조 원을 준비한다는 소문도 있었죠. 마침 실적도 세계 1등이니, 배당주 모멘텀까지 받으면 주가가 오를 수밖에 없는 상황이었습니다. 근데 배당을 제대로 안 해서 그런 기회를 놓쳤죠. 주가 상승의 기회가 이렇게 많은데 회사의 대처가 미진하니까, '왜 기업이 제대로 평가받을 수 있도록 제 역할을 다하지 않느냐'라는 비판이 제기됩니다. 이런 비판을 무시하듯 최대주주는 자신이 가장 유리한 시점에 저평가된 두산밥캣, 고평가된 두산로보틱스를 합병하겠다고 발표한 겁니다.

이런 시나리오는 처음이 아닙니다. 삼성물산과 제일모직 합병 때도 똑같았죠. 삼성물산도 두산밥캣 같은 알짜 회사였는데요. 주가를 낮추기 위해 래미안 아파트 수주를 아예 하지 않았습니다. 반대로 제일모직은 고평가된 상태였고요. 지금과 너무 유사한 경우입니다. 말만 합법이지 일반 주주에게는 강도나 다름없죠. 합병은 원칙상 양 사 이사회의 투표로 결정됩니다. 하지만 우리나라는 사실상 최대주주의 뜻대로 이뤄지니 이런 폐해가 생기는 겁니다.

합병 타이밍에 관한 규정은 한국은 물론 다른 나라에도 없습니다. 하지만 다른 나라에서는 이게 논란이 되지도 않죠. 어느 타이밍을 정하더라도 주주가 합병으로 불합리하게 차별받지 않기 때문입니다. 기업은 합병을 논할 때 서로가 가장 시너지 나는 순간을 고르면 됩니다. 누구의 이익을 고려하는 결정이 아니라요. 사실은 타이밍이 중요한 게 아니라 우리나라 합병에 관한 법이 잘못돼 있죠. 합병 타이밍에 따라서 누구에겐 유리하고 누구에겐 불리해질 수 있다는 게 문제의 본질입니다.

다른 나라는 합병 관련 문제가 발생하지 않도록 법이 훨씬 구체적입니다. 예를 들어 미국에서는요. 시장가치, 자산가치, 향후 수익가치 등을 전부 가중평균하여 가장 합리적인 합병 비율을 정합니다. 또 들어와야 하는 현금흐름 등을 종합적으로 고려한 후, 일반 주주가 납득

주요국 합병가액 산정방식 및 주주 보호 방안

미국	• 시장가치·자산가치·수익가치를 가중평균해 주식 가치 산정(델라웨어 가중평균법) • 현금흐름할인법 • 합병 배경, 적정성 등 포함한 보고서 요구 (증권거래위원회)
일본	• 현금흐름할인법 • 유사기업비교법 • 합병 대가 산정 방법, 소멸회사 주주 보호 방안 기재 등 (회사법 제909조)
독일	• 합병, 목적, 비율 등 설명 기재 (조직재편법 제8조)
영국	• 합병, 효과 등 이사회 설명보고서 작성 (회사법 제782조)

자료 : 자본시장연구원

하도록 정확한 합병 배경과 적정성을 포함한 보고서를 제출하죠.

일본도 합병 때 기업의 현금흐름을 다 고려하고요. 유사기업비교법, 소멸회사 주주 보호 방안 기재 등 합병으로 피해를 보는 일반 주주가 없도록 하고 있습니다. 독일이나 영국도 마찬가지죠. 하지만 우리나라는 합병 관련 법이 너무 부실합니다. "상장사야? 그럼 그냥 시가로 합쳐. 비상장사야? 그럼 장부로 평가해." 정말 허술하죠. 그러니까 최대주주가 합병 타이밍만 고르면 나머지는 눈 뜨고 코 베이는 상황을 겪는 겁니다. 우리가 흔히 이런 말을 하잖아요. "악마는 디테일에 있다." 합병에서 악마는 바로 타이밍과 합병 비율에 있는 것입니다.

⊪ 지분이 3배가 늘어나는 기적

두산의 의도대로 합병이 이루어지면 구체적으로 어떤 일이 벌어질까요? 두산은 두산에너빌리티를 약 30% 갖고 있고, 두산에너빌리티가 두산밥캣을 약 46% 갖고 있습니다. 그런데 합병 후에는 두산이 두산로보틱스를 42% 갖게 되고, 두산로보틱스가 두산밥캣을 100% 갖게 됩니다. 구체적으로 전후 차이가 얼마나 클지 짐작할 수 있겠어요?

지금 두산밥캣은 배당할 수 있는 돈이 적게 잡아도 1조 원이 넘습니다. 그러니 대충 두산밥캣이 1조 원을 배당한다고 가정해보죠. 합병 전에는 두산밥캣이 1조 원을 배당하면 4,600억 원은 두산에너빌리티로 가고, 5,400억 원은 일반 주주에게 배당됩니다. 그 두산에너빌리티의 4,600억 원 중 30%인 1,380억 원이 두산으로 배당되는 겁니다. 두산으로 가는 건 한 13.8% 정도 되는 거죠. 그러니 두산은 이런 생각이 들 수 있죠. '1조 원 중에 겨우 1,380억 원이라고? 내 회사인데?' 근데 합병 후 비율을 보면요. 두산밥캣이 1조 원을 배당했을 때 42%가 두산으로 갑니다. 1,380억 원에서 4,200억 원으로 배당금이 3배가 늘어난 거죠.

합병 전 두산밥캣 지분 구조

(단위 : 억 원)

주요 지분	두산에너빌리티(46%)		기타 주주(54%)
	두산(13.8%)	기타 주주(32.2%)	
1조 원 배당 시 배당액	1,380	3,220	5,400

합병 후 두산밥캣 지분 구조

(단위 : 억 원)

주요 지분	두산로보틱스(100%)	
	두산(42%)	기타 주주(58%)
1조 원 배당 시 배당액	4,200	5,800

심지어 합병 전에 두산밥캣이 배당하면요. 두산의 100% 자회사가 아니기 때문에 세금도 내야 합니다. 그런데 합병 후 두산밥캣은 두산의 자회사잖아요? 100% 모회사 배당은 세금이 없죠. 4,200억 원이 그대로 두산에 꽂힙니다. 최대주주는 저렇게 돈벼락을 맞죠. 그만큼 일반 주주는 피해를 보는 겁니다.

합병 전에 배당하면요. 일반 주주의 두산밥캣 지분은 54%입니다. 5,400억 원은 일반 주주가 가져야 했던 배당금인 거죠. 근데 그 몫을 두산이 훔친 겁니다. "대신 두산에너빌리티 주식 7대 3으로 줄게. 두산로보틱스랑 합병한 주식도 좀 줄게." 이렇게 주식 교환만 하는 꼴이죠. 결국 두산밥캣에서 나오는 현금은 일반 주주들이 만져보지도 못하게 되는 겁니다. 이러니 두산이 악랄하다고 지금 욕먹는 겁니다. 두산밥캣, 두산에너빌리티의 일반 주주들은 그야말로 합법적인 약탈을 당해버린 거죠.

ⅢⅠ 금감원, "부족하면 무제한 정정 요구할 것"

근데 묘한 일이 벌어집니다. 보통 때 같으면 합병신고서가 바로 통과됐을 텐데, 이복현 금감원장이 "이거 좀 문제가 있다."고 말한 겁니다. 이때 두산은 싸한 분위기를 느끼고 합병신고서를 자진해서 수정하려고 다시 가져갔습니다.

근데 금감원장이 다른 자리에서 이런 말을 기자들에게 꺼냅니다.

"두산 관련 논쟁을 잘 알고 있다. 이제 합병 관련 정정신고가 다시 들어올 텐데, 시장에서 돌아가는 우려가 뭔지 알기 때문에 우리는 그게 제대로 될 때까지 무제한으로 정정을 요구할 수도 있다. 이건 내 개인 의견이 아니고 정부 유관 부처와 두루두루 상의한 내용으로 이해하면 된다."

이 말은 두 가지 측면에서 굉장히 이례적입니다. 첫째, 친재벌인 줄 알았던 윤 정부가 난데없이 재벌들의 아킬레스건인 합병에 문제를 제기한 것이죠. 둘째, 합병신고서를 한두 번이 아니라 "무제한으로 정정을 요구할 수도 있다."고 얘기했습니다.

이런 말을 듣고도 두산은 내용을 조금 수정해서 정정신고서를 다시 냈습니다. 합병 비율은 그대로고 말단에 있는 사소한 내용이나 몇 가지 조금 고쳤죠. 금감원이 그걸 보고는 두산에 뭐라고 했겠죠. "장난하는 거냐, 우리 얘기가 이렇게 우습냐?" 그래서 두산도 그 두 번째 정정신고서를 다시 회수해 갔습니다. 사실상 두 번 반려된 건데, 다음이 진짜 중요했죠.

지금 보면 두산에너빌리티의 인적분할, 뉴두산에너빌리티와 두산로보틱스의 합병, 두산로보틱스와 두산밥캣의 합병까지 진행하려면 총 세 회사의 3사 주총이 전부 있어야 합니다. 이 세 회사의 주주총회가 2024년 9월 25일로 예정되어 있었거든요. 그 날짜를 기준으로 역산하면 금감원에 낸 합병신고서가 2024년 8월 29일까지는 통과해야 합니다. 그 날짜를 넘기면 2024년 9월 25일 주주총회가 불가능해지니까요.

두산은 2024년 8월 28일까지 고민하다가 정정신고서를 가지고 갔습니다. 합병 계획을 접은 겁니다. 모든 계획을 완전 철회한 것은 아니고요. 1단계 두산에너빌리티 인적분할, 2단계 뉴두산에너빌리티와 두산로보틱스 합병까지는 진행, 두산로보틱스와 두산밥캣의 합병을 보류했습니다. 금감원이 칼을 뽑고 무라도 자른 상황입니다. 일단은 잘했습니다. 앞으로 계속 잘하려면 금감원이 어떤 명분과 이유로 이걸 반려했는지 봐야겠죠.

ⅠⅠⅠ 금감원, "공정 가치에 대한 설명 불충분"

장족의 발전이지만 아쉬운 부분이 있습니다. 금감원이 만약 두산 합병에서 시장이 의심했던, 또는 몰랐던 문제를 찾고, 그 문제를 명확히 지적했으면 참 좋았겠죠. 왜냐면 그런 문제가 고쳐져야만 비로소 앞으로 이런 최대주주의 꼼수 합병은 영원히 불가능해질 테니까요.

두산의 신고서를 반려한 금감원은 관련 보도자료를 냈습니다. 금감원이 사실 겨우 서류 반려 단계에서 보도자료를 내는 건 처음입니다. 정말 이례적이죠. 보도자료는 금감원의 반려 판단 이유를 설명하고 있었는데요. 그 설명 자료가 정말 부실했습니다.

보도자료는 이렇게 말합니다. "우리가 이 합병이 공정한지 아닌지를 알기 위해서는, 선진국에서 하는 것처럼 현금흐름할인법, 미래계산할증법, 기타 평가법 등을 다 검토한 공정 가치에 대한 설명이 필요하다. 지금의 합병이 선진국의 공정 가치와 큰 차이가 없다는 점을 설명하지 않았다." 그러니까 선진국의 공정 가치와 두산 합병을 비교해서 설명하면 문제가 없는 것처럼 지적한 거죠.

아무튼 이런 말을 들은 두산은 웃기는 상황에 빠졌습니다. 두산이 "아, 그걸 원했던 겁니까?"라면서 8월 28일, 29일에 자료를 냈다고 해봅시다. 그 말은 두산이 이미 공정 가치가 뭔지 알고 있었다는 뜻입니다. 이런 계산을 하루 만에 절대로 할 수 없거든요. 만약 자료를 제출한다면 현금흐름할인법, 미래계산할증법 같은 선진국의 공정 가치를 따른 계산법과 한국 자본시장법을 적용한 계산법을 둘 다 해봤다는 증거인 거죠.

그러니까 두산은 자료가 있더라도 낼 수가 없는 상황이 된 겁니다. 그걸 내는 순간 두산이 여러 합병안 중 일반 주주에게 가장 좋지 않은 한국 자본시장법을 적용한 합병안을 제출했었다는 사실이 드러나니까요.

그래서 두산은 결국 자료가 있어도 내놓기 어려운 상황에 빠졌습니다. 그래서 일단 포기하고 나중을 기약한 거죠. 지금은 넘어갔지만 문제는 아직 끝나지 않았습니다. 진짜 문제는 금감원의 입장이 모호하다는 점입니다. "계산하는 방식을 같이 좀 설명하지 그랬어." 이 정도 말은 다음에 두산이 공정 가치가 담긴 계산법을 자료에 추가하면 또 어떻게 될지 모른다는 뜻입니다.

만약 금감원이 재벌의 합병 문제에 진심이라면, 두산이 반격하기 전에 조치해야 합니다. 현금흐름할인법, 공정 가치에 따른 평가법 등을 하루빨리 제도화한다면, 그때는 금감원의 의지를 정말 믿을 수 있겠죠.

지금 기업 밸류업이 정부 과제잖아요. 두산의 합병은 정부의 기업 밸류업 정책을 대놓고 무시하는 행위죠. 두산이 눈치가 없긴 했습니다. 정부가 야심 차게 내놓은 기업 밸류업에 찬물을 끼얹은 셈이니까요.

이런 근본적인 문제를 해결해야 기업 밸류업이 가능합니다. 이런 최대주주의 횡포를 막아주는 게 소액주주, 개미 투자자를 위한 진짜 보호 정책이고요. 이번 두산 합병 건은 밸류업이 아니라 밸류킬입니다. 정부의 면피를 위한 마지막 선을 두산이 우습게 건드린 거죠.

만약에 두산 합병이 계획대로 추진됐다면요. 그때 두산이 얻는 이점이 5개~6개 정도입니다. 지금 합병 1단계~3단계 중 3단계만 하지 않겠다고 했으니 이점 4개 정도는 이미 1단계~2단계로도 충분히 달성했죠.

그래도 칼을 뽑아서 무라도 잘랐으니 일단 긍정적으로 평가합니다. 앞으로도 이런 한국 시장을 좀먹는 제도를 점점 고치면 됩니다. 합병 비율을 공정 가치로 반영할 수 있도록 규정을 넣는 게 그리 어렵지 않습니다. 시행령 몇 개만 고치면 되는 경우도 있죠.

ⅲ 개미 맛도 볼래? 주식매수청구권

그런데 지금 묘한 구석이 하나 있습니다. 기업을 합병하거나 분할

할 때 해당 기업의 주주라면 누구나 반대할 수 있습니다. 반대하는 사람에게는 주식매수청구권이 주어지죠. 주주총회에서 반대한다고 손을 들면 됩니다. 기업이 합병하려면 그 사람의 주식은 특정 가격에 꼭 사야 하죠.

두산이 합병하려면요. '두산에너빌리티, 두산로보틱스, 두산밥캣' 이 세 회사의 합병을 반대하는 모든 주주의 주식을 매수해야 합니다. 물론 과반이 반대해서 합병이 부결되면 가장 좋지만, 그건 동화 같은 이야기고요. 만약 반대하는 사람이 많아지면 어떻게 될까요? 두산이 그 반대 주주들의 주식을 사기 위해 현금을 써야 하는 순간이 오는 겁니다. 그래서 두산그룹 전체가 지금 대응할 수 있는 현금이 얼마나 있는지 한번 계산해봤죠.

재밌는 점은 지금 두산그룹이 주식매수청구권에 대응할 수 있는 현금성 자산이 1조 원이 채 안 된다는 겁니다. 많게 잡아도 8,000억 ~9,000억 원, 적게 잡으면 6,000억~7,000억 원 정도라고 보죠. 이 수치를 넘으면 두산그룹은 대응할 돈이 없습니다. 반대 의견의 너무 많아지면 부결되고, 적당히 많아지면 두산에 돈이 모자라죠. 그러니까 우리가 법적으로 막을 수 있는 방법은 없지만요. 혹시 일반 주주 모두가 한마음으로 단결해서 대량으로 반대 매수를 청구하면, 지금껏 시장이 경험하지 못한 묘한 일이 생길 수도 있다는 겁니다.

두산에 반대 매수가 유의미한 숫자로 들어왔을 때 그 금액이 많으면 2조6천억 원이 필요할 수도 있다는 분석이 있습니다. 그런데 대응할 수 있는 현금이 1조 원도 안 된다고 했잖아요? 진짜 이런 상황이 오면 두산은 어떻게든 추가로 1조6천억 원을 마련해야 하는 상황이 오는 거죠. 어쩌면 이런 동화 같은 이야기가 진짜 일반 주주의 권리를 찾도록 돕는 현실적인 움직임이 될지도 모르겠습니다.

4

자영업자 다 죽는다,
100만 폐업의 시대

·
·
·

2024년 7월, 정부가 2024년 하반기 경제 정책을 발표했습니다. 특히 소상공인과 자영업자를 위한 대책을 강조했는데요. 구체적으로 약 25조 원 맞춤형 지원책을 발표했습니다. 그 뒤를 이어 건설 투자, 역동 경제 로드맵 등 정부의 속내가 보이는 정책들도 몇 가지 등장했습니다. 이 발표를 살펴보면서 어쩌다가 한국 경제가 이 지경까지 이르렀을까, 하는 탄식이 나왔습니다. 한번 살펴볼까요?

먼저 윤 대통령의 발언 중에 가장 어이가 없는 건요. '자영업자가 왜 어려운 상황에 처했는가?'를 바라보는 관점입니다. 이 정부가 꼽고 있는 '자영업자가 어려운 이유'가 뭐냐? 바로 '코로나와 전 정부 씨'입니다. 윤 대통령은 이렇게 말합니다. "코로나 기간의 대출 급증이 자영업자 어려움의 본질이다." 특히 코로나 기간에 왜 대출이 급증했냐고 말하냐면요. "비과학적이고 아무 효과도 없는 영업 제한을 했다, 근데 대출까지 해줬다, 장사도 못 하는 사람들에게 대출만 해주니 그 대출을 지금까지 못 갚는다." 결국, 이런 부실 대출이 쌓여서 자영업자들의 어려움이 커졌다고 말하는 겁니다. 요약하자면 코로나 때의 영업 제한과 대출이 현재 자영업자의 어려움을 초래했다고 말하는 거죠.

ⅢⅠ 집권 3년 차, 언제까지 전 정부 탓?

하지만 이 진단 자체도 동의하기가 어렵습니다. 당시 코로나와 관련된 영업 제한과 거리 두기 조치는 불가피했던 상황이었죠. 만약 그런 조치가 없었다면 훨씬 더 큰 혼란이 있었을 겁니다.

자영업자 대출 잔액 추이

(단위 : 조 원)

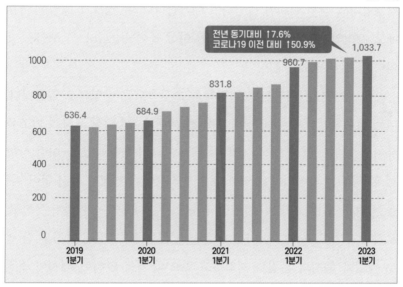

전년 동기대비 ↑7.6%
코로나19 이전 대비 ↑50.9%

636.4
684.9
831.8
960.7
1,033.7

2019 1분기
2020 1분기
2021 1분기
2022 1분기
2023 1분기

자료 : 한국은행

코로나 시기에 자영업자 대출이 증가한 건 사실입니다. 코로나 이전에는 600조 원 후반대였던 대출이, 코로나 1년~2년을 겪으면서 900조 원대까지 늘어났으니까요. 하지만 그때의 대출은 유례없는 팬데믹을 극복하기 위해 반드시 필요한 조치였습니다. 지금 그 얘기를 하는 게 무슨 의미가 있겠습니까?

윤 정부가 집권한 지 3년 차에 들어갔는데요. 그들이 지금 해야 하는 말은 '현 정부가 자영업자가 대출을 상환할 수 있도록 무엇을, 얼마나 했는지'입니다. 정부에 들어서 보니까 대출이 많이 쌓여 있더라, 그래서 자영업자들이 대출을 갚을 수 있도록 이런저런 정책을 펼쳤다는 내용이 나와야 하는데, 그런 이야기가 전혀 오가지 않죠.

경제학자들의 공통된 견해를 들어보면요. 우리나라는 코로나 때부터 지금까지 여전히 경기가 회복되지 않았고, 오히려 내수 위축으로 자영업자의 상환 여력이 줄었다고 얘기합니다. 윤 정부가 출범한 이후에도 자영업자들의 대출은 180조 원 이상 늘어났습니다. 그 책임은 당연히 현 정부에 있는 겁니다.

예로 들면 현 정부는 재정정책을 초긴축으로 운영하고 있습니다. 이는 전형적인 내수 위축 정책이죠. 전 세계가 4년 이상 고금리 기조를 유지했습니다. 한국 역시 어쩔 수 없는 고금리 상황이었죠. 이런 상황에 현 정부는 자영업자를 위한 내수 진작책이나 행정적 지원 없이 3년을 버텨왔습니다. 그러니 자영업자들이 기존 대출도 상환하지 못하고, 오히려 추가로 100조 원 이상 대출을 받은 거죠. 그런데 아직도 전 정부 시절을 문제의 본질로 지적하고 있으니, 지금 말하는 대책이 적절한 답이 될 수가 없는 겁니다.

당시 한국의 코로나 대응은 전 세계가 인정한 모범 사례였습니다. 그 과정에서 자영업자들이 큰 희생을 감내했었죠. 그래서 지금이라도 그때의 보상이 필요한 겁니다. 그들이 어떻게 하면 살아날 수 있을지 건설적인 논의가 필요한 상황에 과거의 영업 시간 제한 조치를 문제의 본질로 삼는 것은 논점을 벗어나도 한참 벗어난 거죠.

ⅲⅰ 생각 안 나면, 민생회복지원금이라도 하세요

현 정부는 진즉 자영업자를 위한 내수 진작책을 마련해야 했습니다. 그런데 3년이 지나도 제대로 된 대책이 없죠. 그러니 야당에서 '주사라도 놔라!'라고 말하는 겁니다. 바로 전 국민에게 25만 원씩 주는 '민생회복지원금'이라도 하라는 거죠. 윤 대통령은 이 제도를 겨냥하고 공식 석상에서 이렇게 말합니다. "아니, 그럴 거 같으면 왜 25만 원만 줍니까? 국민 1인당 10억씩, 100억씩 줘도 되는 거 아니에요?" 윤 대통령은 야당이 주장한 '민생회복지원금'이 물가를 상상 이상으로 올릴 거라고 말하는데요. 그 결과 대한민국의 대외 신인도가 추락하여 정부와 기업이 국제적으로 활동할 수 없는 지경에 이를 거라고 주장합니다. 한마디로 국가를 망하게 할 길이라는 거죠.

짧게나마 이 주제를 설명하자면, 이미 여러 사회 연구가 이루어졌습니다. 코로나 당시 재난지원금은 7차에 걸쳐 지급되었고, 전 국민을

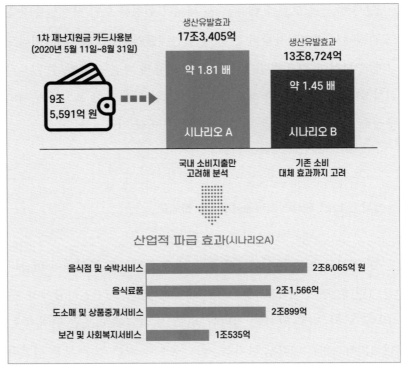

1차 재난지원금 생산유발효과 분석 결과

1차 재난지원금 카드사용분
(2020년 5월 11일~8월 31일)

9조
5,591억 원

생산유발효과
17조3,405억

약 1.81 배

시나리오 A

국내 소비지출만
고려해 분석

생산유발효과
13조8,724억

약 1.45 배

시나리오 B

기존 소비
대체 효과까지 고려

산업적 파급 효과(시나리오A)

음식점 및 숙박서비스	2조8,065억 원
음식료품	2조1,566억
도소매 및 상품중개서비스	2조899억
보건 및 사회복지서비스	1조535억

자료 : 국회예산정책처

대상으로 한 재난지원금도 두 차례나 지급된 적 있습니다. 물론 회차마다 다양한 연구가 진행됐고, 여러 보수 단체도 재난지원금을 주제로 연구했습니다.

몇 가지 살펴보면요. 첫째, KDI(한국개발연구원)가 1차 재난지원금의 효과를 발표한 보고서가 있습니다. 이 보고서는 당시 야당이었던 추경호 현 총리의 요청으로 작성된 자료입니다. 보고서 제목은 「1차 긴급재난지원금 정책의 효과와 시사점」인데요. KDI는 이 보고서를 통해 재

코로나 19 발생 이후 카드 매출 증감률

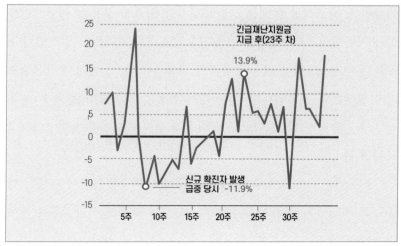

긴급재난지원금
지급 후(23주 차)

13.9%

신규 확진자 발생
급증 당시 -11.9%

※ 전년 동기 대비, 8개 카드사 합산
자료 : 한국개발연구원(KDI)

긴급재난지원금 지급에 따른 업종별 매출액 증대 효과

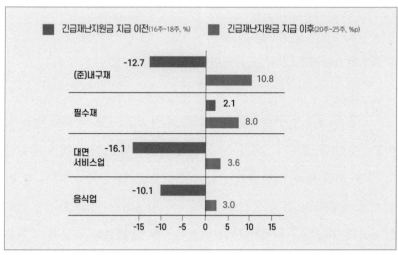

■ 긴급재난지원금 지급 이전(16주~18주, %)   ■ 긴급재난지원금 지급 이후(20주~25주, %p)

※ 전년 동기 대비
자료 : 한국개발연구원(KDI)

난지원금이 약 30% 이상의 매출 증대 효과를 가져왔다는 점을 분명히 했습니다. 세부적인 분석은 생략하겠지만, 중요한 부분은 재난지원금이 총지원액의 1.8배에 달하는 생산유발효과를 가져왔다는 점입니다. 예를 들어, 10조 원이 전국에 풀리면 그로 인해 18조 원의 생산유발효과가 발생한다는 말입니다. 이는 경제학에서 흔히 말하는 승수 효과, 정부의 지출이 보다 큰 규모의 국민소득 증가로 이어지는 현상이라고 보시면 됩니다.

물론 비판도 있었습니다. 예를 들어 헬스장처럼 영업이 제한된 업종에는 지원금의 효과가 덜 미쳤다는 거죠. 따라서 재난지원금 지원 방식을 조금 더 다층화할 필요가 있다는 지적도 있었습니다. 그러나 전반적인 효과는 KDI뿐만 아니라 국제연구기관에서도 인정하고 있습니다.

ⅠⅠⅠ 정부의 소상공인 대책, 25조 원의 행방

그럼 윤 정부가 구체적으로 말하는 소상공인 지원 대책은 과연 뭘까요? 우선 윤 정부가 말하는 소상공인 대책 총액은 25조 원 수준입니다. 그중 10조 원은 '새출발기금'입니다. 새출발기금은 말 그대로 한 번 실패한 사람들이 다시 도전할 수 있도록 지원하는 기금입니다. 주로 일자리를 잃었거나 폐업한 사람들이 재기할 때 필요한 자금을 지원합니다. 이 기금은 2022년부터 생겼는데요. 첫 시작은 9조5천억 원 규모로 시작됐습니다. 첫해에만 5만9천 명이 신청할 정도로 큰 인기를 끌었죠. 윤 정부는 지금 이 기금을 두 배로 늘려 10조 원을 추가로 지원하겠다는 겁니다. 다음은 금융 관련 대출 연장 프로그램이 있습니다. 이게 약 15조 원 규모인데요. 이미 상환해야 하는 대출을 연장하거나 조건을 완화해주는 내용을 담고 있습니다.

이렇게 총 25조 원 정도의 소상공인 지원 대책이 발표되었는데, 이 대책들이 나쁘다고 말하는 것은 아닙니다. 당연히 있으면 좋죠. 다만 문제는 이런 대책들은 모두 사후 대책에 불과하다는 겁니다. 이미 어려운 사람에게 다시 기회를 주는 방식은 근본적인 문제를 해결하는 데 한계가 있죠. 소상공인이 망한 후, 혹은 망하기 직전의 상황에서 그들의 생명을 겨우 연장해주는 정도의 대안이라는 겁니다.

현 정부가 정말로 해결해야 할 시대적 과제는 소상공인들이 대출을 스스로 상환할 수 있는 여건을 만드는 겁니다. 즉 소비와 소득의 선순환을 일으키는 선제적 조치를 말하는 거죠. 지금은 경제가 활성화되고 소상공인의 매출이 증가하여 자영업자 스스로가 어려움을 극복할 수 있는 대책이 필요합니다. 윤 정부의 대책은 그저 사후 대책에 불과한 거죠. 저게 근본적인 해결책이 될 수는 없습니다.

현재 자영업자의 지표를 보면 상황이 어마어마합니다. 자영업자들 총부채가 1,000조 원이 넘는 상황은 어제오늘 일이 아니고요. 그중 상당수가 빚을 갚지 못해서 지역 신용보증재단이 대신 변제하는, 대위변제액이 이미 1조 원을 넘어섰습니다. 또한, 매출 하락률과 폐업률은 말할 것도 없고요. 폐업한 자영업자가 받는 노란우산 폐업 공제금도

지역신용보증재단 대위변제액 추이

(단위 : 억 원)

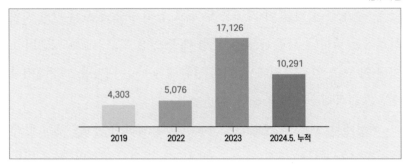

	2019	2022	2023	2024.5. 누적
	4,303	5,076	17,126	10,291

자료 : 더불어민주당 양부남 의원실, 지역신용보증재단

노란우산 공제금 지급 현황

(단위 : 건, 억 원)

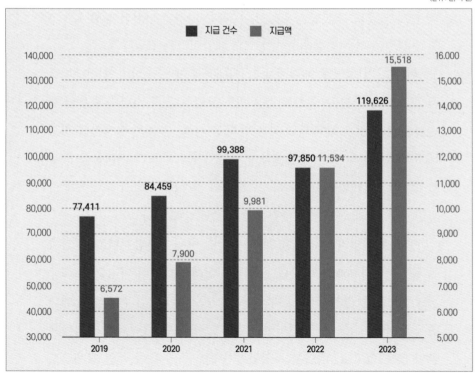

자료 : 중소기업중앙회

2023년에 1조 원을 초과했습니다. 이런 충격적인 상황에 대책이라고 내놓은 것이 겨우 연명책인데, 이걸 칭찬하기는 힘들죠.

　25조 원이라는 큰돈이 근본적인 내수 활성화 방안으로 이어지지 않는다는 점이 특히 아쉬운 부분입니다. 예를 들어 전 국민이 25만 원을 받고요. 이 돈을 동네에서만 사용할 수 있다면 자연스럽게 동네 소비가 증가할 겁니다. 그만큼 자영업자의 매출이 늘고, 그 자영업자도 소비가 늘어나니 제대로 된 승수 효과가 나타나는 거죠. 내수 활성화로 경기가 회복되면 자영업자들이 빚을 상환할 여력도 자연스럽게 생길 겁니다. 이미 다양한 보고서에도 효과가 입증된 방안을 야당이 내놓았다고 외면하는 건 정말 아니죠.

　심지어 정책을 비판하는 이유로 "10조 원이 풀리면 물가 상승을 유발할 것"이라고 말하는데요. 이게 말도 안 되는 이유가 윤 정부의 이어지는 건설 투자 정책에서 드러납니다. 현 정부는 서민을 위한 정책으로 포장하지만, 실상 뜯어보면 부유층을 위한 정책들이 정말 많았죠. 이번 발표도 역시 마찬가지입니다.

ⅠⅠⅠ 건설 투자 15조 원, 대놓고 집값 올리기

　윤 대통령은 이렇게 발표했습니다. "공공부문 투·융자를 15조 원까지 확대하여 건설 투자를 보강하겠다." 민생회복지원금으로 10조 원을 풀면 물가가 상승해서 나라가 망한다고 하지 않았나요? 건설 부문에 15조 원 풀리는 건 물가 상승을 자극 안 합니까? 진짜 앞뒤가 맞지 않는 말을 하니까 어디부터 비판해야 할지도 모르겠습니다. 물론 건설 분야가 지금 힘들죠. 부동산 PF도 안 돌고, 전쟁 때문에 원가도 올랐으니까요. 근데 전 국민을 위한 민생회복지원금 10조 원은 반대하고, 건설 투자에 15조 원을 투입하겠다는 말은 그냥 집값 올리겠다는 의지를 보여주는 겁니다.

구체적으로 건설에 어떤 지원을 하냐면요. 공공건물, 도로 공사 등을 빨리빨리 짓겠다는 말입니다. 또 세제 혜택도 있는데요. 개발부담금을 면제해줍니다. 원래 신도시나 아파트를 지을 때 건설사는 국가에 개발부담금을 내는데요. 그 돈은 도로 건설이나 학교 설립 등 공익적인 목적으로 사용됩니다. 이 부담금도 면제해주겠다고 말한 겁니다.

또 소상공인을 살리는 것과 무슨 관계인지는 모르겠지만, 청년이나 중산층의 주거 문제를 해결하기 위해 도심 공공주택을 2035년까지 최대 50,000호 공급하겠다는 정책이 있습니다. 참고로 문재인 정부는 연평균 43,600호의 공공주택을 공급했습니다. 그런데 이번 정부는 2035년까지 50,000호를 공급하겠다고 하면서 이걸 대단한 정책인 것처럼 포장하고 있는 겁니다.

⊪ 뒤에 등장하는 본심, 상속세 개편

그리고 정말 기가 막힌 부분은 따로 있습니다. 이번에 윤 정부는 우리나라의 경제 체제를 개선하기 위한 '역동 경제 로드맵'을 발표했는데요. 그 내용에는 서민을 포장한 부자 감세가 또 포함되어 있었습니다. 바로 상속세 개편입니다. 자세히 내용을 들여다볼수록 정말 가관인데요. 어떻게 이런 발표를 하고 소상공인과 서민을 들먹이는지 기가 찰 뿐입니다.

먼저 최대주주 상속세부터 살펴보겠습니다. 최대주주가 주식을 상속·증여할 때는 최고 세율 50%에 원래 20% 할증이 붙습니다. 한마디로 지금까지는 총 60% 세율이 적용됐습니다. 그런데 이번 로드맵에서 이 '20% 할증제'를 폐지하겠다고 발표했습니다. 최대주주가 우리 국민 중에 과연 몇 명일까요? 이재용, 최태원 같은 극소수 재벌들을 위한 대책을 아무렇지 않게 넣은 겁니다. 심지어 이 제도는 시행령이라 법을 바꿀 필요도 없습니다. 100명도 안 되는 사람을 위한 정책이 왜 이렇게 자주 나오는지 모르겠습니다.

다음으로 가업상속공제 제도도 개편됐는데요. 가업상속공제는 원래 중소기업 가업승계인을 위한 제도입니다. 현재 가업상속공제는 연 매출 5,000억 원 미만의 기업을 물려줄 때 약 600억 원을 공제해주고 있습니다. 정부 발표 이전에 시장에서 가업상속공제를 연 매출 1조 원 이하 기업으로 확대하고, 공제액도 600억 원에서 1,000억 원으로 상향 조정할 것이라는 예측이 있었습니다. 그런데 이번에 발표된 내용은 시장의 예측을 훨씬 뛰어넘는 수준이었죠.

먼저 연 매출 제한은 없어졌습니다. 대신 배당을 많이 주거나, R&D 지출을 연 매출의 5% 이상으로 늘리거나, 과밀억제권역이 아닌

울산 같은 특구로 기업을 이전하면 상속 공제를 받을 수 있게 됐습니다. 또한, 600억 원의 세금 공제 혜택은 두 배로 늘어나 1,200억 원으로 확대됐습니다.

2024년 하반기 경제 정책도 겉으로는 소상공인 지원 정책처럼 보였지만, 실제로는 부자를 위한 정책이 숨어있습니다. 대기업 총수들의 상속세를 감면하고, 연 매출 1조 원 이상의 오너들은 가업상속공제를 받죠. 이런 상황에서 정부가 말하는 자영업자 지원 대책이 무엇인지 다시 한번 묻고 싶습니다.

100만 폐업의 시대, 근본적인 해결책 필요

대출 연장 프로그램도 당연히 필요하죠. 근데 진지하게 서민 정책을 고민은 한 겁니까? 정부에 진짜 화가 나는 건요. 자영업자 대책이라고 만들어내는 것들에서 고민의 흔적이 단 1g도 보이지 않기 때문입니다. 정말 자영업자들이 뭘 필요로 하는지 진지하게 생각해본 게 맞나요? 최대주주 20% 할증제 폐지 같은 부자 감세를 신경 쓸 때가 아니라요. 1,000조가 넘어가는 자영업자 대출부터 당장 해결해야 합니다. 뭐가 중요한지를 정부가 전혀 모르는 거 같아요.

예를 들면, 자영업자의 매출 감소 원인 중 하나가 온라인 커머스와의 경쟁 때문입니다. 상반기 온라인 커머스 매출이 15조 원을 돌파하며 사상 최대치를 기록했죠. 이마트 같은 대기업마저 온라인 시장에서 고전하는데, 시장에 진입도 못 하는 소상공인들은 어떻게 살아남겠습니까? 이러니 동네 상권이 경쟁력을 잃고 죽어버리는 거죠.

이럴 때 정부가 뭘 할 수 있을까요? 제발 고민하라는 겁니다. 예를 들어 정부가 지역 소상공인들을 위한 온라인 마켓을 공동으로 만들 수 있겠죠. 그들이 이 시장에 진입할 수 있도록 길을 만드는 겁니다. 또 지역 상권을 활성화할 수 있는 지역 특화 메뉴를 개발할 수도 있겠죠. 나아가 시장지배적 사업자들과 지역 상인이 상생하도록 유도하는 방안도 고민할 수 있을 겁니다. 이렇게 동네 상권이 살아나는 방법은 조금만 생각해도 무궁무진합니다. 근데 지금 대책이라고 내놓는 것은 도대체가 머리를 써서 고민한 흔적이 전혀 보이지가 않죠.

윤 대통령이 F1 경주를 예로 들며 말했죠. 핏 스톱(pit stop)처럼 중앙정부와 지방정부가 매달려서 소상공인들 문제를 처리하라고요. 대통령이 이렇게 몰라도 되겠습니까? 전국 273개의 지방자치단체 중에서 자체 예산으로 공무원 월급조차 지급하지 못하는 곳이 100군데가 넘습니다. 지방정부의 예산 중 상당 부분이 중앙정부의 지원에 의존하고 있는데, 중앙정부조차 주요 세수를 제대로 확보하지 못하고 있어요. 게다가 앞으로 들어올 종부세도 폐지하려는 계획을 발표해놓고는 지방정부가 대체 소상공인을 어떻게 살리라는 겁니까? 진짜 꺼내는 말마다 헛웃음만 나옵니다.

ⅠⅠⅠ 치솟는 배달비 부담, 정부는 해결 못 한다

자영업자, 특히 동네 음식점들이 요즘 정부에 가장 바라는 건 배달비 문제를 해결하는 겁니다. 요즘 배달하지 않는 음식점을 찾기가 힘들죠. 근데 이 배달비가 자영업자에게 정말 큰 부담이 되고 있습니다. 배달비가 너무 올라서, 이제는 음식값만큼 배달비가 나오는 수준입니다.

원래 자영업자의 가장 큰 부담은 임대료와 여러 공과금이었죠. 전기세, 냉방비, 가스비 등도 인상됐으니까요. 여기에 배달비까지 추가된 겁니다. 과거에는 배달비를 소비자가 부담했지만 이제는 소비자들도 배달비에 부담을 느낍니다. 배달비가 비싼 업체는 쳐다도 안 보는 겁니다. 결국, 비싸진 배달비 부담은 자영업자가 떠안는 구조죠.

배달앱들은 갈수록 더 많은 수수료를 요구하고 있습니다. 처음에는 배달 중개수수료만 받아가다가 이제는 주문수수료까지 청구하고 있습니다. 심지어 자영업자가 직접 배달할 때도 수수료를 부과하는 거죠.

이런 상황을 알고도 정부는 배달비 문제에 전혀 개입하지 않고 있습니다. 플랫폼 규제 관련해서 명확한 정책이 없다고 말하면서요. 100만 자영업자가 폐업하는 지금, 대형 플랫폼 기업이 동네 상권을 무너뜨리는데, 그냥 죽는 걸 방치하고 있는 셈입니다.

경기도에서는 시범 사업으로 공공 배달앱을 도입했는데요. 자영업자의 배달비 부담을 줄이기 위한 정책입니다. 더불어 소비자도 그만큼 더 저렴하게 이용할 수 있죠. 이처럼 윤 정부가 좀 더 현실적인, 진짜 서민을 위한 정책을 이제는 고민해야 하는 시점이라고 봅니다.

5

부족한 세수를 메우는 묘수:
외평기금 돌려막기

.
.
.

정부가 2025년 예산안을 발표했습니다. 요약하자면 '고강도 긴축 재정'과 '재정준칙 준수'입니다. 고강도 긴축 재정은 요약하면 이렇게 말할 수 있습니다. "지금 국가가 어려우니 서민들 허리띠 다시 한번 졸라매자." 재정준칙 준수는 재정건전성 관련 내용인데요. "재정적자는 관리재정수지 -3% 이내로 통제한다." 정부가 이 재정준칙을 지켰다는 말입니다. 관리재정수지는 4대 사회보장성기금(국민연금기금, 사학연금기금, 산재보험기금, 고용보험기금)을 제외한 국가의 순재정 상황을 보여주는 지표입니다. 윤 정부는 관리재정수지를 GDP 대비 -3% 이내로 맞추겠다고 노래를 불렀거든요. 3년 동안 못 지켰던 그 목표를 -2.9%로 맞췄다고 발표하는 겁니다.

분석하기에 앞서, 일반 국민은 정부 예산안에 정말 별 관심이 없어 보입니다. 그게 참 불만인데요. 펀드를 운용하는 회사는, 고객에게 석

달에 한 번씩 자산운용보고서를 보냅니다. 보고서가 고객의 집에 도착하면 그날부터 회사 전화기가 문의로 빗발치죠. "왜 A 회사보다 우리 수익률이 더 낮은 거야? 이유가 뭐야?" 이런 오만가지 문의, 항의가 쏟아집니다. 고객들은 한 달에 몇만 원, 몇십만 원, 몇백만 원을 넣은 것 때문에 밤새 그 보고서를 분석하는 겁니다. 그런데 우리가 1년 365일 내는 세금, 이 돈을 정부가 어떻게 쓰겠다고 안을 냈는데, 자산운용보고서만큼도 보지 않는 거 같습니다. 이번 2025 예산안은 무슨 말이 오갔는지 반드시 봐야 합니다. 정말 심각한 현 상황을 지금부터 자세히 살펴보겠습니다.

ⅢⅠ 재량지출 0%대, 경기부양을 포기한 정부

2025년도 정부 예산은 총 677조 4,000억 원 규모입니다. 2024년 재정보다 3.2% 늘었죠. 문재인 정부 때는 보통 7%~9% 정도 늘었습니다. 2020년에 9.1%, 2019년에 9.5%, 2018년에도 7.1% 늘었죠. 우리나라의 총지출 증가율은 평균 6% 정도라고 보시면 됩니다. 하지만 2025년에 3.2%, 2024년에는 2.8% 증가했죠. 윤 정부 시절 동안 평균 3% 정도 증가했다는 겁니다. 우리나라의 총지출 증가율 평균보다 적게 올라온 겁니다.

경제 규모가 커지면, 그만큼 예산도 커지는 게 맞죠. 정부는 2024년 우리나라 경상성장률을 4.5%로 예측했습니다. 그런데 성장률은 4.5%

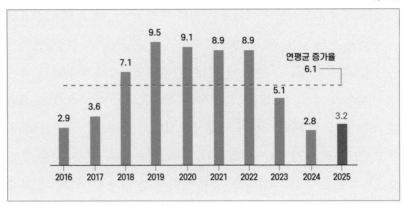

정부 예산 총지출 증가율

(단위 : %)

연평균 증가율
6.1

2016 2.9
2017 3.6
2018 7.1
2019 9.5
2020 9.1
2021 8.9
2022 8.9
2023 5.1
2024 2.8
2025 3.2

자료 : 기획재정부

로 예측하고, 예산 지출은 3.2%밖에 안 늘린 겁니다. 물가까지 고려한다면, 실질적으로는 거의 마이너스에 가까운 수준이죠. 그래서 2025년 정부 예산안이 고강도 긴축 재정인 겁니다.

정부는 예산 지출이 낮은 이유를 이렇게 말합니다. "세금이 안 들어온다." 세수가 적으니 지출을 늘릴 수가 없다는 겁니다. 이렇게 되면 무슨 문제가 발생할까요? 의무지출(경성예산)이라는 게 있습니다. 고령자 복지, 사회보험, 복지 지출처럼 어쩔 수 없이 지출해야 하는 것을 말하죠. 그 의무지출이 약 5.7% 늘었습니다. 총액 증가율보다 의무지출이 늘었으니 다른 부분 예산을 줄여야만 합니다. 그 줄인 예산이 의무지출의 반대말인 '재량지출(연성예산)'인 겁니다.

재량지출은 말 그대로 정부가 마음대로 할 수 있는 예산입니다. 예를 들어 새로운 사업, 코로나나 태풍 같은 재해, 심지어 후쿠시마 홍보 같은 쓸모없는 사업도 재량지출로 진행합니다. 정부가 정책 수단으로 사용할 수 있는 모든 신사업을 진행하는 돈이죠. 그런 재량지출의 2025년 증가율은 0%대입니다. 2024년에도 0%대였고요.

재량지출은 경기 회복의 마중물 역할을 하는 예산입니다. 경제적으로 말하면 새로운 상황에 정부가 대응할 수 있는 카드인 거죠. 이런 정부의 카드가 경제성장률을 높이는 핵심 축입니다. 재량지출 증가율이 0%대라는 말은, 정부가 경제 견인 역할을 포기하겠다는 말과 같습니다. 이대로라면 2024년처럼 2025년 정부의 경제성장률 견인 효과도 마이너스 수준이 될 겁니다. 정부는 재량지출 증가율이 0%대인 이유를 이렇게 변명하는데요. "신규 재량지출은 명목상 0%대지만, 기존 사업의 과감한 지출 구조 조정을 통해 20조 원 이상을 확보하겠다." 그나마 기존에 하던 의미 있는 사업들도 이유 없이 20조 원씩 사라진다는 얘기입니다.

정부가 예산 지출이 낮은 이유를 "세금이 안 들어온다."라고 했었죠. "세수가 줄었으니 나가는 돈도 줄여야 한다." 얼핏 들으면 타당한 논리입니다. 그런데 세수가 대체 왜 줄었을까요? 그 이유를 정부가 누구보다 잘 알고 있을 겁니다. 세수가 줄어든 이유는 명백합니다. 바로 정부가 감세했으니까 줄어든 겁니다. 윤 정부 들어서 국세감면율 법정 한도를 3년째 초과하고 있습니다. 2025년은 역대 최대 한도액, 무려 78조 원입니다. 국세감면액은 쉽게 말해 세금을 깎아주는 겁니다.

이번 국세감면은 누구에게 가장 많은 혜택이 돌아갔을까요? 개인에게 돌아가는 게 49조9,000억 원입니다. 농어촌, 장애인, 영세근로자,

소상공인 등 어려운 분에게 감면 혜택이 주어지죠. 이게 66%입니다. 그런데 나머지 혜택은 고소득자에게 몰려 있습니다. 역대 최대의 국세 감면액 중 적어도 16조 원 이상이 고소득자에게 돌아가죠. 또 법인세 감면 금액이 약 27조 원 정도 됩니다. 법인은 당연히 여유 있는 쪽이겠죠. 법인에 27조 원, 고소득자에 16조 원, 이렇게 합쳐서 약 43조 원이 기득권의 혜택으로 돌아가고 있습니다. 이런 감세 때문에 세수가 감소한 겁니다. 전부 정부가 자초한 일이죠.

지금 여유 있는 사람의 세금을 감면해줄 때가 아니잖아요? 그런데도 세금을 대책 없이 더 깎아주고 있습니다. 심지어 상속세, 종부세마저 깎아주려 하고 있죠. 미국을 보세요. 해리스 후보가 초부유층에 대한 추가 세금 징수를 적극적으로 추진하겠다고 밝혔죠. 주식 부자의 미실현 이익을 과세하겠다는 정책까지 내놓았고요. 자본주의 최선두 국가인 미국에서도 부자 증세를 공론화하고 있는데, 우리나라는 오히려 이런 논의를 꺼리는 거 같습니다. 그래서는 안 되죠. 왜 부자 감세를 하나, 왜 재벌을 위해 감세하느냐, 예산이 지금 이게 뭐냐, 문제를 제대로 지적하고 바로잡아야 합니다.

ⅲ 재정준칙 준수, 새빨간 거짓말

필요한 돈이 모자라면 빚내서라도 마련해야 하겠죠. 근데 정부는 그럴 생각이 없다고 말합니다. 그 이유를 재정준칙, "재정적자는 관리재정수지 -3% 이내로 통제한다."를 준수하기 위해서라고 말하죠. 근데 진짜 가관인 건요. 이것도 사실 새빨간 거짓말입니다. 왜냐면 말은 저렇게 해놓고서 동시에 국고채 발행 계획이 의결됐기 때문입니다. 2025년에 정부가 발행해야 할 국채 발행 계획이 201조 원 규모로 의결 됐습니다. 이것도 역대 최대 수치입니다.

세수가 모자랄 게 뻔하니까 국채를 발행하겠다는 겁니다. 이렇게 말할 거면 빚내지 않겠다는 말은 왜 했는지 모르겠습니다. 돈이 필요하면 솔직하게 말해야죠. 앞뒤를 다르게 말하면 일반 국민은 착각할 수 있잖아요. "이게 버텨지나? 진짜 알뜰하게 살림하는구나?"라고요. 2023년에 세수 결손이 56조 원이었습니다. 2024년도 약 32조 원의 결손이 예상된다고 하죠. 2년 동안 80조 원이 넘는 적자가 났습니다. 국가 부채가 어마어마하게 늘고 있는 겁니다.

사실 국고채 발행 계획에 가장 민감한 건 금융권입니다. 왜냐하면 정부가 국고채를 발행하면 시장조성자, 기관이 제일 먼저 사야 하니까요. 국고채를 사려면 금융권도 자금을 준비해야겠죠. 예를 들어 미래에셋이나 삼성증권은 국고채 발행이 결정되면 그 국고채를 위한 자금을 준비해야 합니다. 금융권은 국고채를 유통하는 여러 시스템도 가지고 있으니까요.

정부의 세수 결손은 한국 금융시장에 두 번 큰 충격을 줬습니다. 2023년에 첫 번째 충격이 있었는데요. 지금처럼 나라를 운영하다가는 40조~50조 원 정도의 세수 결손이 나겠다는 걸 금융시장이 예상한 겁니다. 정상적인 정부라면 이 세수 결손을 빚으로 메우겠죠. 그래서 금융권은 국채가 더 발행될 것이라고 예상했습니다. 근데 연말까지 국채를 발행하는 계획이 수정되지 않는 겁니다. 이게 첫 번째 충격이었죠. 빚 없이 어떻게 그 상황을 넘겼는지는 잠시 후에 얘기하겠습니다.

그리고 2024년에 두 번째 충격이 왔습니다. 분명 정부 예산안에서 말했죠. "우리는 빚 안 냅니다." 금융권은 2023년을 기억했죠. '아무리 살림살이가 어그러져도, 다른 편법·탈법이 있겠지.' 그래서 금융권도 국채를 위한 자금을 준비하지 않고 있었습니다. 그런데 정부의 다른 문서를 살펴보니 앞뒤가 다른 내용이 적혀있는 겁니다. 바로 역대 최대 규모의 국채 발행이 있었던 거죠. 이처럼 앞뒤가 다르고 정부 정책에 일관성이 없으니까, 시장은 우왕좌왕하고 기관과 금융권은 오락가락하는 겁니다.

정부가 국채를 200조 원 발행하면, 새로운 국채가 200조 원만큼 추가된다는 말이죠. 채권이 흔해지면, 채권 금리는 올라갑니다. 그래서 10년짜리 금리가 0.7% 올라가고, 20년짜리는 더 올라가고…. 이게 정부의 아마추어 같은 임기응변식 거짓말 때문에 시장에서 벌어지는 일입니다.

ⅲ 지방정부 돈 안 주고, 외평기금 끌어 쓰고

2023년에도 56조 원 정도 세수가 부족했었죠, 그건 어떻게 넘어갔을까요? 정부가 지방정부에 법적으로 줘야 하는 돈, 교부금이 있습니다. 총 20조 원 정도 되는데요. 정부가 이걸 지급하지 않았습니다. 국회에서 증언이 계속 나오고 있고요. 심지어 지급하지 않는다는 내용을 카톡으로 통보했다는 말이 나왔죠.

민주당에서 물어봤습니다. "지방정부에 교부금을 주지 않고 세수를 해결하자는 아이디어, 누가 내신 겁니까?" 그 자리에 기재부 장관, 차관, 국장이 다 있었는데요. 아무도 손을 안 들었죠. 그 내용을 어떻게 통보했나 봤더니, 문서를 남기지 않았고요. 문서를 사진 찍어서 카톡으로 보냈다, 전화로 했다, 이런 말이 나오는 겁니다. 말 그대로 국가 시스템이 엉망진창인 거죠.

또 어떤 기발한 방법을 썼는지 아십니까? 외국환평형기금(외평기금)이라는 게 있는데요. 간단히 말하면 외환 방어를 위한 기금입니다. '기금'은 영속적이고 반복적인 일의 경우 따로 회계를 분리해서 관리하는 돈을 말합니다. '기금'이라는 이름으로 한 번 세워 놓으면 그 예산으로는 그 일만 하면 되는 거죠. 예를 들어 영화발전기금, 남북교류협력기금 등이 있습니다. 외평기금도 그중 하나인 거죠.

그런데 2023년에 환율이 엄청나게 올랐었죠. 1,400원을 터치한다는 말도 많았고요. 2024년 초에도 1,400원에 가깝게 올랐거든요. 이때 정부가 구두 개입도 하고, 실제로 개입도 몇 번 했습니다. 가지고 있던 달러를 시장에 풀고, 그 달러만큼 원화로 바꾼 겁니다. 즉, 투입한 달러만큼 없던 원화가 외평기금에 생긴 겁니다. 이건 없던 돈이 생긴 게 아니라, 외평기금 달러를 원화로 바꾼 것에 불과하지만요. 그걸 보고 누군가 얘기했겠죠. "외평기금에 원화가 많이 남아있습니다." 그렇게 외평기금의 원화 20조 원이 전용됩니다.

한국에 기금이 68개 있습니다. 기금에 있는 돈만 다 합치면 약 900조 원, 우리나라 예산보다 많죠. 그런데 어떤 기금은 돈이 모자랄 수도 있고 남을 수도 있습니다. 그래서 기금 운용을 조정하는 '기금의 기금, 기금의 은행', 공공자금관리기금(공자기금)이 있죠. 예를 들어 외평기금을 일반 예산에서 쓰려면요. 외평기금에서 공자기금으로 돈을 옮겨오고, 공자기금에서 일반 예산으로 전용해야 합니다. 이런 방식으로 정부가 외평기금 20조 원을 예산으로 쓴 겁니다. 빚을 내지 않고 운영한다더니 교부금을 주지 않고, 외평기금을 빼서 1년을 버틴 겁니다. 심지어 우체국보험 적립금도 빼서 썼습니다. 진짜 벼룩의 간까지 빼먹은 겁니다.

이 악수는 지금도 이어집니다. 2025년부터는 꼼수로 막지 못하는 상황까지 온 거죠. 그래서 국고채가 역대 최고치인 200조 원 이상 발행됐고, 외평기금을 메꾸기 위한 외평채도 약 20조 원이 발행돼야 하죠. 이걸 합치면 내년에 221조 원 정도의 채권이 시장에 나가는 겁니다.

이게 왜 문제냐면, 지금 우리나라 내수 상황이 너무 안 좋잖아요. 국고채 금리가 올라가면 회사채 금리는 더 올라갑니다. 국고채 금리보다 회사채 금리가 더 높으니까요. 회사채 금리가 올라가면 시장 금리가 또 올라가니까 고금리 기조가 더 유지되겠죠. 내수 상황이 지금보다 더 안 좋아지는 겁니다.

그러니까 이 정부는 왼쪽 깜빡이를 켜고 무식하게 우회전하고, 찬물 먹다가 갑자기 뜨거운 물을 들이붓고 있는 겁니다. 적어도 정책이

한 방향으로 가야 시장이 안정되는데요. 정책이 지금은 온탕, 냉탕을 오가는 일관성이 없는 상태인 거죠. 이런 식으로 아마추어같이 운영하니까 시장은 그저 혼란 그 자체가 됩니다. 이 국고채 발행은 금융시장에 굉장히 안 좋은 영향을 미칠 게 분명합니다.

ⅠⅠⅠ 맘대로 쓴 외평기금, 예산 줄여서 안 갚기

외평기금에서 20조 원을 끌어다 썼었죠. 하지만 이제 그 돈도 다 써버리고, 이제 갚을 일만 남았습니다. 문제는 그 돈이 공짜가 아니라는 겁니다. 그 기금에 다시 돈을 넣을 때는 이자까지 붙여서 넣어야 합니다. 그 이자가 6,600억 원이죠. 그러니까 정부가 엉뚱한 결정을 하면 이런 말도 안 되는 일이 벌어지는 겁니다. 그렇다면 외평기금의 원금과 이자는 지금 갚았을까요? 이 현황이 사실 진짜 문제입니다.

나라의 외평기금 운용 사이즈는 사실 원래 비밀입니다. 시장에 우리나라 자산을 공개할 필요는 없으니까요. 대략 2023년 외평기금 운용 사이즈를 추정해보면 200조 원 내외, 많으면 220조 원 정도로 파악하고 있었습니다. 그런데 2025년 외평기금 운용 사이즈는 140조 원 대로 떨어질 예정입니다. 2023년보다 60조 원 정도가 그냥 날아가는 겁니다. 정부가 다시 채울 돈이 없으니까 그냥 줄여버리겠다고 말하는 거죠.

그런데 이때 갑자기 환율이 급등하면 어떻게 될까요? 나라에 환율을 방어할 수 있는 실탄이 부족해지는 겁니다. 200조 원의 실탄을 가지고 있던 군인이 갑자기 30%나 삭감된 140조 원을 가지게 되면, 당연히 무기가 부족하고 불안한 느낌을 받을 수밖에 없습니다.

이게 왜 중요하냐면요. 한국 정부의 환율 방어 능력이 약해졌다는 신호가 나타나면, 국제 시장의 헤지펀드가 이 신호를 놓칠 리 없기 때문입니다. 그래서 정부는 무기가 없어도 이 사실을 시장에 알리면 안 됩니다.

그런데 정부는 공개적으로 외평기금을 약 140조 원으로 30%나 줄였다고 시장에 알려버렸습니다. 게다가 그 140조 원도 일부는 예치하고 있고, 일부는 비유동형자산으로 묶여 있죠. 사례를 보면요. 일본이 140엔 선에서 방어를 시작했는데 160엔까지 갔었거든요. 그때 썼던 돈이 최소 8조 엔(약 70조 원)입니다. 그렇게 쓰고도 공격을 못 막았었죠.

2025년에 달러가 1,400원 이상으로 뚫고 올라가는 일이 없으면 좋겠습니다만, 그걸 누가 알겠습니까? 어떤 일이 생길지 모르기 때문에 외평기금을 이전만큼 유지하는 게 중요한 겁니다. 만약 무슨 일이 생긴다고 치면 140조 원은 금방 날아갈 수 있는 돈입니다. 정부는 그렇게 중요한 외평기금 사이즈를 마음대로 조절하면서 아니면 말고 식으로 이렇게 얘기하는 겁니다. "걱정하지 마세요. 그런 일은 내년에 안 일어납니다." 이걸 현 정부에 믿고 맡길 수 있겠습니까?

ⅲ 경제를 풀어낼 키: 민간, 너만 믿는다

중요한 것은 결국 국민 경제입니다. 국민의 살림살이가 지금 얼마나 나쁜지는 내수로 알 수 있죠. 기업들도 최악의 상황인데, 정부가 예산안에서 수도꼭지를 잠가버리겠다고 선언했습니다. 지금 예산이 긴축된다는 건 결국 우리 경제를 죽이겠다는 말과 다름없습니다. 이런 경제 상황에 나라를 긴축 재정으로 운영하는 것은 자살행위라고 말하기도 합니다. 누군가는 돈을 써줘야 가계가 살고 기업도 살며, 국가 전체에 돈이 도니까요. 근데 국가마저 돈을 안 쓰겠다고 말하면, 경제는 당연히 더 어려워지는 겁니다.

"우리 경제를 풀어낼 키가 뭐냐?" 정부에 경제를 풀어낼 키를 물었더니 이렇게 답변합니다. "민간 활력 증대로 풀어가겠다." 그게 안 되니까 지금 정부라도 돈을 쓰라고 얘기하는 거 아닌가요? 지금 저 말은 민간에 책임을 떠넘기는 거나 마찬가집니다. "내 돈은 쓰지 않고 민간이 알아서 풀어나갈 거야." 그게 가능하면 정부는 왜 있는 걸까요?

부자들은 폭락을 기다리는 사람들도 많습니다. 예를 들어 워런 버핏이 지금 포트폴리오를 전부 조정하면서 현금성 자산을 늘리고 있거든요. 그게 사실은 불경기를 대비하는 거죠. 한 번 폭락이 올 거다, 그렇게 생각하는 사람이 지금 많아지고 있는 겁니다.

결국 폭락이 오고 정말로 경제가 침체하거나 성장하지 못한다면, 어떻게 될까요? 고통은 가진 게 없는 사람과 중산층에게 가중되고, 반대로 부자나 고소득층에게는 기회가 될 겁니다. 정부가 이 상황을 끌고 갈 수 있을 만한 혜안은 고사하고, 상황을 판단할 머리도 없는 거 같아서 걱정입니다. "국가 채무는 늘지 않았습니다." 이런 말로 국민을 기만하는 행위는 이제 그만해야 합니다. 외평기금 돌려막기처럼 잔머리만 굴릴 게 아니라 이제는 제대로 된 정책을 내야 합니다, 정말로요.

6

고려아연 사태로 보는
코리아 디스카운트의 민낯

．
．
．

2024년 고려아연과 영풍의 경영권 싸움은 한국 주식시장에서 정말 뜨거운 이슈였습니다. 일단 재미를 위해 자극적인 얘기를 먼저 해보겠습니다. SM, 카카오, 하이브가 모여서 쩐의 전쟁을 했을 때도 엄청 화제가 됐죠? 그때는 총액으로 해봐야 1조 원이 안 되는 쩐의 전쟁이었습니다. 지금 고려아연이라는 회사를 놓고 쩐의 전쟁이 벌어졌는데, 대략 3조 원 이상의 전쟁입니다. 증권시장에서 그야말로 재벌들의 돈 싸움이 시작된 겁니다.

고려아연이 뭐 하는 회사인지 아십니까? 포항제철은 용광로에서 철광석의 철을 빼서 철을 만드는 걸로 우리 국부를 일으켰잖아요. 근데 철을 제외한 나머지 금속은 어떻게 만드는 걸까요? 고려아연이 바로 비철금속 관련 세계 1위 기업입니다. 그러니까 포항제철이 안 하는 나머지 금속은 다 여기서 한다고 보면 되죠.

비철금속은 단순히 그걸 뽑아내는 제련 기술만 중요한 게 아닙니다. 그걸 얼마나 잘 뽑아내는지도 중요한데요. 예를 들면 고객이 아연이 들어있는 돌멩이를 제련소에 주면서 말합니다. "여기서 아연 좀 뽑아줘!" 기술이 낮은 제련소는 아연을 함량 비율만큼 뽑지 못합니다. 100g 중 50g이 아연이라 해도 추출하면 50g이 안 나오는 거죠. 근데 고려아연에 가져가면 60g을 뽑아냅니다. "네가 얘기한 거보다 더 많이 뽑았으니까 나머지는 내가 가져간다." 이렇게 마진을 챙길 정도로 고려아연의 기술은 뛰어납니다.

그리고 심지어 제련 후에 찌꺼기가 남잖아요? 그런 찌꺼기를 그냥 버리지 않고, 비용 부담도 없이 다시 친환경 사이클을 돌립니다. 그걸 재처리하면서 돈을 또 벌죠. 최근에 붐이 일어난 이차전지, 전기차 시장에도 모든 배터리에 어마어마한 금속들이 들어갑니다. 고려아연이 주로 생산하는 니켈, 아연 등도 다 들어가고요. 한마디로 고려아연은 전망이 정말 밝은 회사라는 겁니다.

‖‖ 배보다 배꼽, 영풍보다 고려아연

고려아연을 이해하려면 영풍그룹을 먼저 살펴봐야 합니다. 영풍은 1949년에 만들어졌습니다. 창업자는 최씨와 장씨입니다. 둘은 사이좋게 동업해서 영풍그룹을 만들었는데요. 동업이 3세까지 이어졌고, 현재는 회사를 나눠 경영하고 있습니다. 그래도 75년 동안 동업한 거죠.

장형진 회장의 영풍은, 영풍문고의 그 영풍입니다. 영풍그룹 내에서 석포제련소가 1970년대에 만들어졌는데요. 여기가 아연을 다루는 첫 번째 제련소였습니다. 석포제련소는 지금도 영풍 소유인데요. "더 확장해보자, 다른 여러 가지로 돈도 좀 벌자." 이런 얘기가 박정희 정권 때 나와서 하나 더 만든 게 1974년 울산의 고려아연입니다. 그러니 고려아연은 영풍 내에서 만들어진 영풍그룹의 계열사라고 보시면 됩니다.

그런데 이 두 가문은 동업 방식이 좀 희한합니다. 지분을 더 적게 가진 집안이 그 회사를 경영하는 방식입니다. 고려아연도 마찬가지죠. 지분은 장씨(영풍)가 더 많이 가졌는데, 경영과 회장직은 최씨(고려아연)가 맡고 있습니다. 이런 식으로 양쪽 집안이 서로 크로스 견제와 조화를 이루면서 동업을 이어온 거죠. 문제가 없었다면 다행인데, 전체 영풍그룹 내에서 고려아연이 사실상 거의 유일하게 흑자를 내는 상황이 돼버립니다. 고려아연이 그룹의 가장 중요한 캐시카우가 되니, 양쪽 집안의 갈등이 서서히 시작된 거죠. 장씨 집안은 고려아연의 배당금을 받으면, 고려아연 주식을 더 사서 지분을 늘리기 시작합니다. 그러니 최씨는 불만이 생기는 겁니다. "경영은 내가 하는데, 배당만 하면 장씨 지분이 늘어나잖아?" 그러니 최씨는 배당하기가 싫어지죠.

본격적으로 싸움이 난 건 2024년 3월에 있었던 주총에서입니다. 방금 말씀드린 배당 문제로 한판 붙었는데요. 장씨 측은 당연히 이렇게 말했죠. "배당을 많이 해, 너 많이 벌었잖아, 내가 최대주주야." 최씨 측은 그런 장씨 의견에 반대했습니다. "배당하지 않고 기술 개발이나 신사업을 추진할 거야." 배당 대신 재투자를 명분으로 내세운 겁니다. 이 싸움이 둘 사이에 벌어질 경영권 전쟁의 아주 중요한 전초전이었죠. 결론만 보면 최씨가 이깁니다. 근데 최씨는 분명 장씨보다 고려아연 지분이 훨씬 적었잖아요. 그런데 어떻게 장씨를 이긴 걸까요?

최씨가 주총에서 이긴 방법은 바로 '백기사로 지분 모으기'입니다. 최씨는 자기 지분이 얼마 없으니 혼자서는 절대 장씨를 이길 수 없었습니다. 그래서 친구, 백기사들을 모았죠. "현대차, 너 우리 금속 필요하지? 차라리 투자해라.", "한화, 이차전지, 태양광 할 때 우리 필요하잖아, 투자해.", "LG화학도 들어와!" 이런 식으로 전략적 파트너사를 통해 우호 지분을 늘린 거죠. 그 결과 0.1%대 차이로 아주 근소하게 최씨가 이깁니다. 하지만 싸움에서 진 장씨가 이대로 물러날 수는 없었죠. "내가 못 가지면 너도 못 가져!"

||| MBK파트너스 참전, 고려아연 넌 내 거야!

영풍은 지금 다른 모든 사업에 문제가 많은 상황입니다. 고려아연의 배당이 끊기면 휘청거릴 수밖에 없죠. 그러니 장씨는 이 상황을 그저 두고 볼 수가 없는 겁니다. 최씨가 적당히 타협한 게 아니라 "이쯤에서 끝냅시다."라고 확고하게 자신의 입장을 말했으니까요. 이미 서로 돌아올 수 없는 강을 건넌 겁니다. 그래서 고려아연이 아예 남의 회사가 되기 전에 장씨가 큰 결심을 내립니다. 외부 세력인 사모펀드 MBK파트너스를 끌어들인 겁니다.

MBK파트너스는 동북아 최대 사모펀드 중 하나죠. 장씨와 MBK파트너스는 주주 간 계약을 맺었는데요. 그 핵심은 MBK파트너스가 고려아연 주식의 공개매수에 성공하면 최대주주 자리를 MBK파트너스가 갖기로 한 겁니다. 2024년 9월 13일 MBK파트너스는 드디어 공개매수를 선언합니다. "제가 1주당 66만 원에 고려아연 주식을 사겠습니다!" 기존 주가는 55만 원 정도였으니, 20% 정도 비싸게 사겠다고 한 겁니다. 총 7%~14% 정도의 지분을 살 계획이었죠.

이제 이 공개매수를 보고 시장에서는 우려 섞인 얘기들도 나왔습니다. "MBK파트너스가 고려아연을 인수하면 중국으로 고려아연이 팔리는 거 아니야?" 왜 이런 얘기가 나오냐면, MBK파트너스 펀드에 중국 자본이 5% 정도 들어있기 때문입니다. 5%면 그렇게 큰 비중은 아니지만, 중국 자본이긴 하니까요.

또 다른 시나리오는요. 만약 MBK파트너스가 고려아연의 지분 매수에 성공하면 최대 2조 원 이상이 들어갑니다. 그리고 주주 간 계약으로 MBK파트너스가 최대주주가 되려면 장씨의 지분을 10% 정도 또 사야 합니다. 돈이 더 들어가겠죠. 그리고 회사를 경영하기 위한 운영 비용도 어느 정도 들어갈 겁니다.

사모펀드의 목표는 들어간 돈 대비 회사를 최대한 비싸게 팔고 나가는 거죠. 대략 들어간 돈은 다음과 같습니다. 공개매수 비용 2조 원, 장씨의 고려아연 지분 인수 비용, 그리고 회사 운영 비용까지 더해야 하죠. MBK파트너스는 이렇게 들어간 비용보다 무조건 더 비싸게 팔 겁니다. 최대주주가 되면 경영권 프리미엄이 20% 정도 붙으니 단가가 상당히 높아집니다. 원가 3조~4조 원에서 경영권 프리미엄 20%가 붙겠죠. 이 정도로 비싼 매물을 살 수 있는 매수자가 국내에 과연 있을까요? 사실 마땅치 않을 가능성이 큽니다. 또 만약에 있더라도 중국이 더 많은 돈을 준다면 사모펀드는 당연히 중국에 파는 게 훨씬 이득일 겁니다. 이런 이유로 고려아연이 중국으로 넘어갈 수도 있다는 얘기가 나오고 있습니다.

이 얘기가 퍼지면서, 울산시장, 울산시의회, 울산시 국회의원들까지 나서서 "우리 지역의 고려아연을 지키자! 시민 한 사람당 한 주씩 사자!"는 운동이 벌어졌습니다. 울산시장도 직접 한 주를 샀다고 하면서 운동을 주도했었죠. 재벌들의 쩐의 전쟁이 정치계로까지 번진 겁니다. 그런데 이런 운동은 사실 대단히 위험합니다. SM 사례처럼 지분 전쟁이 끝나면, 주가가 원래 가치로 회귀할 가능성이 아주 크니까요.

ⅲ 고려아연, 물고 더블로 가!

고려아연의 현 경영진, 최씨 일가는 반격의 카드로 일단 여론전에 나섰습니다. "고려아연을 쟤네들이 사잖아요? 그럼 결국 나중에는 중국에 팔릴지도 모릅니다!" 국부가 유출될지도 모른다는 여론전을 편 거죠. 그러다 최씨도 경영권 싸움에 본격적으로 참전합니다. 그때부터 주가는 폭등하기 시작했죠. MBK파트너스의 공개매수가인 66만 원을 가볍게 넘겼습니다. MBK파트너스의 66만 원 공개매수는 이미 끝났죠. 바보가 아닌 이상 시장에다 내다 팔면 70만 원이 넘는데 66만 원에 팔 사람은 없으니까요.

고려아연 주요 공개매수 정리

일자	매수자	내용
9월 13일	영풍·MBK	고려아연 주당 66만 원 영풍정밀 주당 2만5,000원 → 공개매수 선언
9월 26일	영풍·MBK	고려아연 주당 75만 원 영풍정밀 주당 2만5,000원 → 매수가 인상
10월 2일	최윤범 회장 측	고려아연 주당 83만 원 영풍정밀 주당 3만 원 → 자사주 공개매수 맞불
10월 4일	영풍·MBK	고려아연 주당 83만 원 영풍정밀 주당 3만 원 → 같은 가격으로 맞대응
10월 9일	영풍·MBK	"공개매수 가격 인상은 없다" 선언
10월 11일	최윤범 회장 측	고려아연 주당 89만 원 영풍정밀 주당 3만5,000원 → 자사주 공개매수 인상

자료 : 금융감독원, 각 사 자료

그러자 MBK파트너스가 공개매수가를 75만 원으로 인상합니다. 시장은 최씨가 어떻게 반응할지 주목하기 시작했죠. 과연 현 경영진이 공개매수에 참전할 것인가? 오랜 기다림 끝에 2024년 10월 2일, 최씨 일가의 대응이 나왔습니다. "여러분, 묻고 더블로 갑니다. 83만 원!" 최씨가 자사주 공개매수 83만 원을 말하니까 시장은 환호했죠. 영풍과 MBK파트너스도 최씨의 말에 반응합니다. "저희도 똑같이 갑니다. 83만 원!" 양측의 공개매수가가 83만 원이 된 겁니다.

MBK파트너스는 왜 굳이 같은 가격을 불렀을까요? 하다못해 10원이라도 더 높게 부르지 않고요. 거기에는 다 이유가 있습니다. 같은 가격으로 부르면, MBK파트너스의 공개매수 마감일이 고려아연보다 빠릅니다. 주주는 리스크가 낮은 MBK파트너스 측에 팔 확률이 높아지죠. 세금까지 엮이면 좀 복잡한데요. 대주주들은 MBK파트너스에 파는 게 좀 더 유리하고요. 양도차액이 2,000만 원 이하인 주주는 고려아연이 유리합니다. 지분이 많은 기관은 MBK파트너스에 파는 게 이득이겠죠. 그래서 영풍과 MBK파트너스의 공개매수가가 최씨와 같았던 겁니다.

이제 최씨는 머리가 복잡해지죠. 그래서 2024년 10월 11일, 최씨는 공개매수가를 89만 원으로 또 올렸습니다. MBK파트너스는 83만 원 이후 더 이상의 공개매수가 상향은 없을 거라고 얘기했습니다. 이제 양측 모두 결과를 기다리는 일만 남았었죠.

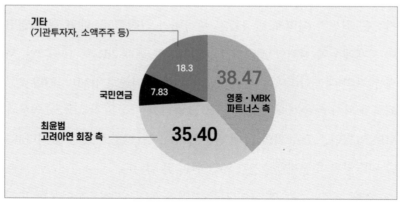

2024년 10월 23일 고려아연 지분 현황

(단위 : %)

※ 10월 23일 마감 기준

자료 : 금융감독원

2024년 10월 23일, 양측의 공개매수가 끝났습니다. 영풍·MBK파트너스 연합은 38.47%, 최씨는 35.4%로 둘 다 과반 확보는 실패했습니다. 그러자 이제는 장내매수로 경쟁이 번졌죠. 10월 23일 기준 종가가 876,000원이었던 고려아연 주식은 10월 29일 1,543,000원까지 올랐습니다. 그러던 중 10월 30일, 고려아연 측의 최씨가 충격적인 발표를 합니다. 바로 유상증자 결정을 공시한 겁니다.

ⅠⅠⅠ 고래 싸움에 복장 터지는 개미들

2024년 10월 30일, 고려아연이 주식 2.5조 원 규모의 일반공모 유상증자를 발표합니다. 고려아연 측은 이렇게 말합니다. "공개매수 이후 급격한 주식 유통량 감소에 따른 주가 불안정성을 해소하고 관리종목 지정 내지 비자발적 상장폐지로 인한 투자자의 피해를 미연에 방지하고자 한다. 또한 자금조달을 통한 차입금 상환으로 이자 부담을 줄이고 재무구조 안정화에 기여할 것이다." 그 유상증자 발행가액이 67만 원입니다. 전날 종가인 1,543,000원의 반도 안 되는 가격입니다.

기가 차는 이유는 사실 끝도 없습니다. 발행 비율과 일반공모 유상증자 방식도 어이가 없죠. 고려아연은 현재 주식 수의 20%를 추가 발행할 예정인데요. 그중 20%가 우리사주조합의 우선배정비율에 해당합니다. 하지만 일반 주주는 총공모주식 수의 3% 이상을 취득할 수 없도록 설정했습니다. 영풍·MBK파트너스의 고려아연 주식 지분은 줄이고 고려아연과 우호 세력의 주식 지분은 늘이겠다는 명확한 의도가 보이는 결정입니다.

중요한 건 고려아연의 이사회가 회사의 주가가 하락할 수밖에 없는 결정을 내렸다는 겁니다. 이 결정에서 일반 주주는 완전히 소외됐고요. 고려아연은 유상증자 결정 일주일 전까지 자사주를 89만 원에 매입했었죠.

이 자사주 매입을 위해 빌린 돈 2.3조 원을 갚기 위해 지금 2.5조 원 규모의 유상증자를 하는 겁니다. 그 발행가액이 67만 원이니까 고려아연이 자사주를 매입했던 가격과 22만 원 차이죠. 회삿돈을 최씨가 자신의 경영권 유지를 위해 명백히 낭비한 겁니다.

심지어 10월 29일 기준 종가의 반도 안 되는 유상증자 발행가액은요. 고려아연 주식을 소유한 사람에게는 무조건 악재입니다. 실제 10월 30일 유상증자 결정이 나자마자 고려아연은 바로 하한가를 기록했습니다. 주주 가치 희석에는 조금도 관심 없는 경영진만이 할 수 있는 최악의 결정이었던 겁니다.

2024년 11월 13일, 고려아연의 경영진은 결국 부정적인 여론을 견디지 못하고 유상증자를 철회하기로 했죠. 향후 경영권 다툼은 임시주총에서 치열한 의결권을 통해 벌어질 것으로 보입니다.

이 경영권 다툼에는 아직 더 많은 리스크가 남아있습니다. 양쪽 모두 서로 고소·고발한 상태고 사법적 판단이 필요한 요소도 남아있으니까요. 하지만 영풍과 고려아연의 경영권 분쟁에서 다시 한번 명백히 알 수 있는 것이 있습니다. 바로 한국 주식시장에서 일반 주주를 신경 쓰는 기업은 어디에도 없다는 사실입니다.

ⅢⅢ 쩐의 전쟁의 이면, 코리아 디스카운트

정말 말하고 싶은 건, 국내 굴지의, 비철금속 세계 1위 회사도 겨우 2조 원으로 흔들린다는 점입니다. 예를 들어, MBK파트너스가 영풍정밀을 공개매수하자마자 영풍정밀의 주가는 하루아침에 폭등합니다. 이유는 영풍정밀이 가지고 있는 고려아연 지분만 해도 영풍정밀의 시총을 넘어서기 때문입니다. 그만큼 우리나라 기업이 저평가, 코리아 디스카운트 상태인 겁니다.

이 영풍·고려아연 사태는 우리나라 기업 중 자본 구조가 왜곡된 기업은 국제 시장에서 살아남기 힘들다는 걸 보여줍니다. 고려아연처럼 대주주가 소수 지분을 가지고 제왕처럼 지배하던 시대는 끝났다는 얘기죠.

금융자본은 이미 거대해졌고, 한 분야의 세계 1위 기업도 2조 원이면 흔들 수 있는 시장이 열렸습니다. 산업자본을 지금처럼 운영하면 앞으로 더 지키기 힘든 시대가 온 겁니다.

왜곡된, 불투명한, 억눌린 지배 구조의 회사는 이제 선진 시장에 휘둘릴 수밖에 없을 겁니다. 글로벌 금융자본이 들어와서 툭 치면 이렇게 휘청거린다는 걸 고려아연이 확인한 겁니다.

그래서 주주자본주의가 필요하죠. 주식시장이 선진화되고, 주주가 주식을 가진 만큼 누리고, 그만큼 책임지고, 경영진이 무능하면 갈아치우고, 세습이 없는 시장이 와야 합니다. 이런 시장이 코앞에 와 있다는 걸 이번 고려아연 사태로 다른 기업들도 깨달아야 합니다.

7

카톡 한마디로 드러난
삼부토건 주가조작

．
．
．

　"삼부 내일 체크하고" 채 상병 순직 사건을 조사하던 도중 문제의 카톡이 드러났습니다. 2023년 5월 14일, 도이치모터스 주가조작 사건의 핵심 인물인 이종호가 단체 카톡방에 삼부토건을 언급한 겁니다. 이 일로 삼부토건이 논란에 섰습니다. 메시지뿐이라면 논란이 있을 이유도 없었겠죠. 이해를 돕기 위해 삼부토건이 어떤 기업인지, 삼부토건이 왜 화제가 되는 건지 자세하게 짚어보겠습니다.

　삼부토건은 1948년에 설립된 나름의 역사가 있는 기업입니다. 조정구, 조창구, 조경구 이렇게 삼 형제가 세운 기업인데요. 세 명의 부여 출신 형제가 세운 기업이라 이름이 '삼부'토건이죠. 6.25 전쟁도 겪으면서 1965년까지 사세를 키웠습니다. 삼부토건은 우리나라 토목건축공사업 국내 건설 면허 1호 회사입니다. 쉽게 얻을 수 없는 영광스러운 타이틀을 갖고 있죠. 꽤 잘나가던 기업이라는 겁니다.

그래서 경부고속도로, 지하철 사업 등 굵직한 SOC 사업을 대부분 다 삼부에서 했습니다. 그만큼 사세가 커졌죠. 심지어 해외도 진출합니다. 해외 건설 사업 면허도 먼저 따고, 그 당시에 생소했던 해외 지사도 세우고요. 1976년에 상장했으니 지금 상장한 지 벌써 50년이 된 회사입니다.

그러니 얼마나 다사다난한 일이 있었겠습니까. 1980년대에는 토목 사업에만 목을 매지 않고 사업을 다각화한다며 호텔을 인수하기도 했죠. 그때 지은 게 역삼동에 있는 라마다 르네상스 호텔입니다. 정말 유명한 호텔이죠.

ⅠⅠⅠ 삼부토건의 흥망성쇠

그러던 삼부토건의 사세가 기울기 시작합니다. 2011년 삼부토건은 서초구 헌인마을 재개발 사업에 투자했는데요. 그 사업이 한마디로 완전히 망해버립니다. 얼마나 큰 위기였느냐 하면, 기업이 회생 절차로 들어갈 정도였습니다. 요즘으로 치면 워크아웃 상태, 사실상 파산 위기까지 몰린 겁니다. 그래서 2015년에 회생 절차를 신청했고, 2017년에 회생이 끝나면서 지금의 휴림로봇이 인수하게 됩니다.

그 후 한 2년간 노력해서 2019년에 잠깐 흑자로 돌아선 적도 있는데요. 그건 그저 일장춘몽이었죠. 그 후 2020년 영업손실 78억 원, 2021년 영업손실 43억 원, 2022년 영업손실 807억 원, 2023년 영업손실

781억 원 등 지금도 적자 행진을 이어가며 사세가 완전 기운 상태입니다. 사실 삼부토건이 요즘 유명해진 것은 사업보다는 사업 외적인 이유 때문입니다. 삼부토건의 조남욱 회장이 윤 대통령과 김건희 씨를 중매했거든요.

삼부토건의 최대주주 변화를 살펴보면 1세대, 2세대, 3세대로 나눌 수 있습니다. 1세대는 라마다 르네상스 호텔을 짓고, 윤석열·김건희 부부를 중매했던 창업주의 장남, 조남욱 회장입니다. 그다음 기업 회생에 들어가면서 삼부토건이 휴림로봇으로 넘어갔잖아요? 그때 휴림로봇으로 최대주주가 바뀌면서 새로 임명된 사람이 2세대 '조성옥' 회장입니다. 성이 같은 '조' 씨라서 헷갈릴 수 있는데요. 조남욱 회장과는 관련이 전혀 없는 사람입니다. 이 조성옥 씨의 아들이 도이치모터스 이종호의 구명 로비 관련 녹취록에 등장한 조원일 씨입니다.

3세대는 이일준 회장이 운영하는 'DYD'라는 회사입니다. 현재 삼부토건의 대표이사는 정창래 씨입니다. 정창래는 DYD의 대표 출신이고 한동훈 전 법무부 장관과 서울대학교 법대 사시 동기라고 알려져 있으며 검사 출신입니다. 이 부분까지 기억하면 삼부토건 사건을 이해할 준비가 전부 된 겁니다.

ⅲ 카톡 한마디, '삼부 내일 체크하고'

지금 삼부토건이 어떤 상황인지 요약해볼게요. 한때 우리나라 시공 능력 3위까지 올랐던 기업이지만, 2024년에는 77위까지 떨어졌습니다. 특히 2024년 3월에 큰일이 있었는데요. 명실상부 건설 면허 1호 회사가 월급을 체납한 겁니다. 직원의 월급을 체납했다는 건, 정말 회사가 위기라는 상징 같은 사건이죠. 실제로 부채비율이 400%가 넘을 정도로 자금 상황이 좋지 않습니다. 상장폐지설이 나올 정도니까요.

그런 삼부토건이 2023년 5월 14일, '멋쟁해병' 카톡방에서 언급됩니다. 도이치모터스 주가조작의 주범이었던 이종호 씨가 "삼부 내일 체크하고"라는 말을 남긴 겁니다. 신기하게도 이종호가 메시지를 남긴 날부터 이틀 뒤, 우크라이나 영부인인 젤렌스카 여사가 방한합니다. 이때 젤렌스카 여사와 김건희가 만났고, 그다음 날 우크라이나 재건 계획이 발표됩니다. 이때부터 삼부토건은 우크라이나 재건 관련 최고 수혜주가 되어 주가가 급등하죠.

2023년 삼부토건 주가 추이

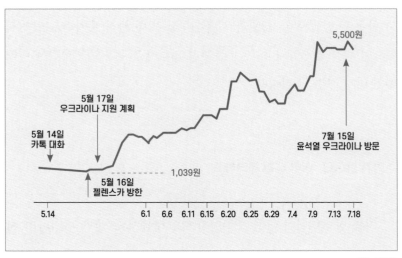

자료 : 홍사훈쑈

이 발표에도 이상한 점이 있는데요. 우크라이나 재건 계획을 우리나라가 발표할 때 재건 계획 규모는 사실 두루뭉술하게 나왔습니다. 또 '80억 달러' 규모의 지원 사업이라고 알려졌지만, 사실 그 발표는 우리나라에서 나온 게 아니었죠. 우리나라는 '그냥 지원한다 또는 우크라이나 재건 사업에 참여한다.' 정도로 말한 겁니다. 그 발표 이전에는 외교부에서 3조~4조 원 정도라고 두루뭉술하게 언급됐습니다. 그런데 우크라이나 정부 사이트에서 80억 달러라고 정확한 금액을 말한 겁니다.

보통 양국이 관련된 외교 문제는 동시에 발표하는 것이 관례입니다. 그런데 우리나라는 왜인지 모르지만 금액을 숨겼습니다. 그런데 우크라이나는 "압도적으로 유리한 지원을 한국으로부터 받았다"라면서 정부 홈페이지에 바로 성과를 공개합니다. 0.15%의 저리에 40년이나 빌려주는, 아주 유리한 차관을 한국으로부터 받아냈다고 말한 거죠. 우크라이나 언론도 이 내용을 받아쓰고요.

2023년 5월 17일 우크라이나 지원 계획이 발표되고 삼부토건 주가가 급등하기 시작합니다. 이때 종가가 1,039원이었죠. 2023년 7월 15일 윤 대통령이 우크라이나를 방문하고 다음 주 월요일인 7월 17일, 삼부토건의 주가는 5,500원까지 오릅니다. 거의 다섯 배죠. 원래 윤 대통령의 우크라이나 방문은 일정에 없었다고 합니다. 폴란드에 나토(NATO)의 방산 협력 회의가 있어 방문했다가 겸사로 우크라이나도 들어갔다고 하더군요. 그때 무슨 일이 있었냐면, 한국에서 대홍수가 터졌습니다. 오송의 지하차도가 잠겨서 14명이 사망했고, 전국에서 50명이 목숨을 잃었습니다. 그런 비상시에 대통령이 우크라이나로 가버렸어요.

대통령실에서는 변명으로 이렇게 말했죠. "대통령이 지금 서울로 달려가봤자 달라지는 건 아무것도 없다." 지금 생각해보니 우크라이나에 어떻게든 들어가야만 했던 이유가 있었을지도 모르죠.

▎누가 봐도 이상한 삼부토건 주가 차트

사실 우리가 '주가조작이다'라고 확언할 수는 없죠. 증거가 없으니까요. 그런데 주가조작이나 시세를 조종하려면 몇 가지 시나리오가 필요합니다. 첫째, 호재가 나오기 전에 아무도 모르게 오랜 기간에 걸쳐 야금야금 주식을 모아야 합니다. 이때 비밀이 새지 않도록 가격을 유지해야 하죠. 마치 2023년 5월 16일까지의 삼부토건처럼요.

둘째, 급등 신호를 보냅니다. 삼부토건의 경우는 그 신호가 바로 우크라이나 관련 호재죠. 한국 영부인과 우크라이나 영부인이 만나고, 우리나라 추경호 총리가 재건 지원과 관련해 가서명하는 사진이 나오고, 이어서 원희룡 장관도 우크라이나에 가잖아요. 그중 삼부토건이 참여한다는 소식이 나오면서 주가가 뛰죠.

셋째, 주가가 저절로 뜨는 건 없습니다. 보통의 경우 통정매매가 반드시 들어갑니다. 주식을 주고받으면서 세력이 주가를 계속 띄우는 거죠. 일반 투자자가 그 시세에 혹해서 매수할 때까지 반복합니다. 일반 투자자의 추격 매수가 들어오면 그때 서서히 물량을 터는 거죠.

넷째, 이 전략은 최대주주의 침묵과 협조로 완성됩니다. 호재가 사실이 아니라면 최대주주는 보통 바로 공시를 올립니다. "우리는 그런 호재 없다." 가족 기업, 대를 잇는 기업은 주가가 오르는 걸 싫어합니다. 주가가 오르면 세금만 더 나가죠. 상속할 때도 힘들고요. 팔 것도 아니라면 주가를 더 올릴 필요가 없습니다. 그래서 큰 호재가 아니면 주가를 굳이 올리지 않습니다. 주가를 띄워야 하는 작전 세력이 가짜 호재를 만들었는데, 최대주주가 공시로 부인하면 작전은 그걸로 끝납니다. 그래서 주가조작을 하려면 최대주주나 회사 측의 협조가 반드시 필요합니다.

이처럼 주가조작을 증명하려면 다양한 측면에서 주가 관련 거래를 분석해야 합니다. 초반 매입 과정, 호재 발표, 호재 이후 세력 간 통정매매, 최대주주의 태도, 물량이 빠지는 타이밍 등 확인해야 하는 부분이 정말 많죠. 삼부토건도 이런 여러 측면을 고려하고 분석해야 주가조작인지, 아닌지 명확해질 겁니다. 다만 주가조작 시나리오를 굉장히 닮은 삼부토건의 주가 차트, 이전 주가조작 관련자가 감자 줄기처럼 엮여 등장하는 현 상황은 누가 봐도 석연치 않은 구석이 많습니다.

ⅠⅠⅠ 우크라이나에 삼부토건이 왜 나와?

얼핏 이번 사례는 주가조작이 필요 없어 보이기도 합니다. 그저 국가적인 이벤트를 먼저 알고 그 정보로 수익을 낸 것처럼 보일 수도 있으니까요. 삼부토건 주가가 오르기 전에 주식을 잔뜩 사놓고 기다리는 겁니다. 계약 체결, 지원 계획 발표, 영부인을 만나고, 대통령이 가고, 이런 게 차곡차곡 순서대로 일어났으니까요. 사실 빠져나올 타이밍만 잘 보면 되는 거 아니냐는 거죠. 이런 의혹이 그나마 착한 시나리오입니다. 국가는 국가의 역할을 했고, 세력이 그 과정에 개입한 건 아니니까요.

그런데 더 질이 나쁜 시나리오도 생각할 수 있습니다. 예를 들어 그 호재마저 만들어낸 호재일지도 모른다는 겁니다. 시장에서 이런 얘기가 나오고 있죠. "아니, 우크라이나 관련 재건 사업을 하는데 삼부토건이 왜 나와?" 삼부토건은 지금 3년 연속 적자 상태죠.

또 시공 능력마저 부실합니다. 다른 능력 있는 건설사도 많은데 왜 하필 삼부토건이 우크라이나 재건 사업의 최고 수혜주인지 이해가 가지 않는 겁니다. 그래서 호재마저 의도한 게 아니냐는 시나리오도 떠오르고 있습니다. 정부가 오히려 세팅에 맞게 움직였을 수도 있다는 거죠.

또 하나 특이한 점은, 최대주주의 태도입니다. 지금 최대주주는 DYD라는 회사인데요. 삼부토건의 최대주주는 2023년 2월 24일에 최대지분을 취득합니다. 그리고 주가가 폭등한 2023년 6월 26일에 약 750만 주를 장내 매도합니다. 일련의 과정에서 최대주주가 상당한 수익을 맛봤죠. 정황상 의심스러운 부분이 있는 겁니다.

ⅢⅠ 라임, 삼부토건, 도이치모터스 주가조작 패밀리

지금 삼부토건 2세대 회장의 아들, 조원일이 수감 중이죠. 이 사람은 주가조작으로 20년형을 선고받았습니다. 그런데 수상한 녹취록이 유출된 겁니다. 도이치모터스 주가조작 주포인 이종호가 조원일을 서울구치소에 머물게 해달라고 구명 로비하는 내용이었죠. 실제로 조원일은 몇 달 동안 이례적으로 서울구치소에 머물렀었다고 합니다.

이 녹취를 듣고 깜짝 놀랐습니다. 조원일이 2020년 라임 사건 때 연루되었거든요. 그때 라임펀드 밑천이 주가조작 자금으로 쓰이고 있었죠. 조원일이 그때 '루트원투자조합'을 만들었던 주가조작범입니다. 어디서 많이 보던 이름들이 계속 나오고 있죠. 라임, 도이치모터스 그리고 삼부토건이 다 연결됐을 수 있겠다는 생각이 드는 겁니다.

라임이 2,500억 원을 주가조작해서 그 회사들을 1조 원까지 뻥튀기했었죠. 그런 다음 이익을 챙기며 '엑시트'할(빠져나올) 준비를 합니다. 회사를 홍콩에 있는 'SC로이'라는 펀드에 넘기려고 했죠. 그때 조원일과 홍콩 펀드의 중간 다리 역할을 골드만삭스 출신의 이○○ 씨가 했거든요. 이 사람이 바로 도이치모터스 1차 주가조작의 주포였습니다. 2차는 이종호였고요. 삼부토건에 이 사람들이 또 나오는 겁니다. 그런데 이종호가 구치소에 있는 조원일을 도와주려고 한 거잖아요. 그리고 삼부토건은 주가 추이가 이상하고요. 이게 다 정말 우연일까요?

제대로 사건을 이해하려면 차근차근 살펴볼 필요가 있습니다. 삼부토건 2세대 때 휴림로봇이 들어왔죠. 그때 회장이 조성옥이고, 그

아들이 조원일입니다. 이 사람들이 어떤 사람이길래 이종호는 조원일을 구명 로비하고 있는 걸까요?

이들 모두 회사를 껍데기만 남기고 엑시트하는 작업을 오랫동안 해온 사람들입니다. 그 방법은 주가조작, 무자본 회사 인수, 유상증자 등이 있죠. 특히 삼부토건 2세대 때 수상한 정황이 있습니다. 회사는 공식적으로 부인했지만 시장에서 문제를 제기했었죠. 삼부토건의 2020년 3월 주가는 약 380원이었습니다. 그런데 2020년 11월에 6,080원까지 올라갑니다. 380원이 6,080원까지 갔으니 비율로 치면 15배가 넘죠.

그때도 여러 공시가 있었는데요. 예를 들어 민주당 이낙연 전 대표의 동생이 취임한다는 등 온갖 루머로 시장이 뜨거웠습니다. 그때도 허위 공시나 루머로 주가를 올린 게 아니냐는 의혹이 있었죠. 그래서 조성옥 회장과 조원일의 행적을 살펴보니까요. 예전에 넥서스투자자문 관련 무자본 인수 사건을 일으킨 적이 있었습니다. 한마디로 지금껏 이런저런 수법을 계속해서 써왔던 사람들인 겁니다.

근데 당시 삼부토건 2세대 때 최대주주는 어떻게 주식을 처리했느냐? 이게 정말 이상한데요. 장내 매도를 해버립니다. 최대주주가 주식을 비싸게 팔려면 블록딜 등으로 경영권 프리미엄을 받고 팔아야 하는데요. 그냥 장내 매도를 한 거죠. 이 정황이 상당히 이상합니다. "혹시 장내 매도로 한 명이 가지고 있던 주식을 장내의 여러 명에게 나눠서 넘긴 건 아닐까?", "그때 넘긴 주식을 정말로 무명의 개인들이 다 가져갔을까?"

그래서 이런 의혹들이 생기는 겁니다. "장내 매도라는 도구를 이용해 최대주주의 이름을 여러 사람으로 바꾼 것은 아닐까?" 그때 그 주식이 2023년까지 살아있었다면 삼부토건 차트에 엄청난 영향을 미쳤을 거라는 얘기입니다. 다시 봐도 삼부토건에 너무 신기한 일들이 많이 일어나고 있습니다.

더 신기한 건요. 주가조작 관련 의혹이 짙은 사람들이 삼부토건과 끈으로 엮인 채 조직처럼 드러나고 있다는 겁니다. 지금 삼부토건 2세대를 얘기하고 있는데요. 이 2세대 일이 사실은 3세대 일인 우크라이나, 구명 로비와 연결될 수도 있다는 겁니다.

그러니까 도이치모터스 주가조작단이 있다고 가정하고, 라임 관련한 어떤 집단이 있다고 봤을 때요. 이게 '동일인이다, 한 집단이다'라는 얘기는 아닙니다. 다만 도이치모터스를 얘기했더니 라임 관련 사람이 나오고, 삼부토건을 얘기했더니 도이치모터스 때 언급된 사람이 나오는 겁니다.

이 사람들끼리 카톡방에서 뭉치고, 구명 로비로 뭉치고 있죠. 주가조작, 주식 범죄, 금융 이슈를 만들어낸 사람들이 묘하게 점조직처럼 연결돼 있다는 겁니다. 그래서 삼부토건의 2세대 최대주주와 지금 3세대 최대주주를 주시해야 합니다. 이 사람들이 정황상 이상한 점이 너무 많으니까요.

다시 한번 정리하겠습니다. 삼부토건의 2세대 대주주 때는 주가가 380원으로 시작해서 6,080원까지 1,500% 이상 폭등했었고요. 그 일이 있었을 때 실질적 쩐주가 조성옥 회장과 아들인 조원일 씨입니다. 이 사람들이 주식을 흩뿌리며 장내 매도로 처분하고, 새로운 회사가 들어오죠. 바로 DYD라는 회사입니다. 보통 최대주주가 될 때는 블록딜 매수, 대주주와 협상, 지분 매집 등을 이용하죠. 근데 특이하게도 DYD는 개인적인 양도양수를 통해 들어왔습니다.

그럼 DYD에게 주식을 양도양수한 사람들은 누구일까요? 예전에 2세대 최대주주가 시장에 흩뿌린 주식을 샀던 사람이 아닐까요? 실제로 DYD로 주식을 양도했던 사람은 전환사채나 신주인수권부사채를 받아서 돈을 챙겼던 사람이었습니다. 그 주식으로 3세대는 현재 최대주주가 된 겁니다. 그래서 2세대, 3세대 최대주주가 서로 지시하고, 협조하고, 이런 의미는 아니지만요. 다 연결돼 있다는 겁니다.

우크라이나 사태는 2023년에 일어난 사건이니까요. 충분히 3세대 삼부토건 최대주주와 연관되어 있을 수 있습니다. 만약 호재가 사실이 아니라면, 최대주주는 보통 반대 공시를 냅니다. 근데 DYD는 아무런 공시를 내지 않고 주가가 고점일 때 장내 일부 매도로 이득을 취했죠. 심지어 삼부토건에서 나온 모든 공시를 살펴봤을 때 우크라이나 관련 공시는 단 하나도 없습니다.

보통 저렇게 주가가 오를 때는 실제로 자신들이 무슨 사업에 관여

됐다는 공시가 나와야 하는데요. 삼부토건은 관련 공시가 하나도 없습니다. 2024년 8월에 나온 삼부토건의 사업보고서를 분석하면 실제로 삼부토건의 사업은 90% 이상이 다 국내 사업입니다. 해외 사업 비중은 거의 0.4%대에 불과하죠.

심지어 사업보고서에 해외 사업 부분을 뭐라고 썼냐면요. "현지 건설 및 수주를 위해 설립하였으나 현재 진행 중인 사업은 없으며, 현지 해외 법인들은 휴업 상태로 청산 절차를 진행 중입니다." 이게 사업보고서에 실제로 적힌 내용입니다. 이런 내용을 알고 삼부토건의 주가 차트를 살펴보면 누가 봐도 수상한 정황이 그려지는 겁니다.

왜 삼부토건이 우크라이나 테마주로 불린 걸까요? 삼부토건이 실제로 임원들을 우크라이나에 파견한 것도 맞습니다. 포럼에 참여도 했고요. 여러 활동으로 보도자료도 떴죠. 하지만 공시로 정확하게 확인된 건 없습니다. "주가를 높이려고 최대주주가 루머를 묵인한 거 아닌가?" 최소한 이 정도 의구심을 표하는 건 합리적이라는 얘기죠.

ⅠⅠⅠ 삼부토건이 우크라이나 대통령실을 어떻게 만나?

그때 삼부토건의 주가가 이렇게 오른 이유는 삼부토건이 마치 우크라이나 재건 사업의 핵심 축처럼 보도됐기 때문입니다. 2023년 5월 22일 삼부토건이 우크라이나 글로벌 재건 포럼에 참여했죠. 이때 삼부토건 관계자는 우크라이나 주요 인사와 같이 사진도 찍었고요. 심지어

이 포럼에 국토부 원희룡 전 장관도 참여했었죠. 국토부나 국가 기관도 참 이상합니다. 삼부토건이 거기서 핵심 축처럼 사진을 찍으면 제지했어야 맞는 게 아닌가요?

심지어 어떤 보도자료가 나오냐면 삼부토건이 우크라이나 대통령실 관계자를 만났다는 보도자료가 나옵니다. 현대, 삼성, GS건설이 아니라 삼부토건이요. 그런데 공시에는 아무런 말도 없죠. 사업보고서에는 "해외 사업 별로 없다, 별로 없어서 청산도 진행 중이다" 이렇게 적혀있고요. 그런데 어떻게 삼부토건이 우크라이나 대통령실 관계자를 만나고, 우크라이나 재건 사업의 최고 수혜주로 보일 수 있는 건지, 이 과정이 너무 이상합니다.

삼부토건이 우크라이나 대통령실 관계자를 만나려면 그걸 주선한 누군가가 분명히 있을 겁니다. 삼부토건에서 직접 이렇게 말할 일은 없잖아요? "우크라이나 대통령실, 나 좀 만납시다." 저렇게 말한다고 만나줄 리도 없고요. 정부나 관, 또는 누군가가 삼부토건을 분명 도와줬겠죠. 그래서 시장이 삼부토건을 우크라이나 재건 사업 관련 수혜주로 본 거 아니냐는 말입니다.

삼부토건이 냈던 모든 보도자료, 우크라이나 대통령실도 만났고, 스마트시티 사업에도 들어가고, 무슨 계약을 맺고 하는 수많은 언론 플레이는 도대체 누가 주도한 것인가? 이게 지금 밝혀져야 합니다. 이게 진짜 호재였다면 삼부토건 주가가 계속 올라갔겠죠. 가짜니까 주가가 5,500원을 찍고 지금 나락까지 간 겁니다.

지금까지 삼부토건을 알아봤는데요. 우리나라 주식시장에 정말 말도 안 되는 일이 수도 없이 일어납니다. 이건 그중에서도 극히 일부를 소개한 거죠. 우리나라 주식시장은 아직도 한참 멀었다는 걸 새삼 깨닫습니다.

8

이혼 비용이 1조9천억 원,
위기의 SK

·
·
·

최태원 회장의 이혼 재판으로 SK그룹이 시끌시끌합니다. 심지어 자금 위기설까지 번지고 있는데요. 우리나라 재계 서열 2위 SK그룹을 살펴보면서 한국 주식시장의 요즘 가장 핫한 이슈를 알아보겠습니다.

SK그룹의 지배 구조는 크게 두 계열로 나뉘는데요. 최태원 회장과 최창원 회장 계열입니다. 최태원 회장은 SK그룹 창업주의 차남, 그 차남의 장남이죠. 최창원 회장은 창업주의 장남, 그 장남의 삼남입니다. 이 두 계열은 서로 지분 관계는 없지만, 그룹의 큰 틀에서 협력하며 함께 운영하고 있습니다. 이 SK그룹이 오늘날 어떤 문제를 겪고 있는지 하나하나 짚어보겠습니다.

SK그룹의 첫 번째 문제는 계열사가 너무 많다는 겁니다. 2024년 기
준 SK그룹의 계열사는 총 219개에 달합니다. 카카오가 문어발이라고

최태원 - ㈜SK 계열

(단위 : %)

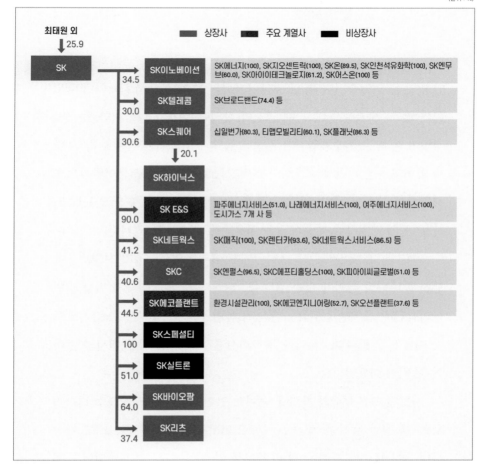

최태원 외 ↓ 25.9

■ 상장사 ■ 주요 계열사 ■ 비상장사

SK → 34.5

SK이노베이션 — SK에너지(100), SK지오센트릭(100), SK온(89.5), SK인천석유화학(100), SK엔무브(60.0), SK아이이테크놀로지(61.2), SK어스온(100) 등

30.0 → **SK텔레콤** — SK브로드밴드(74.4) 등

30.6 → **SK스퀘어** — 십일번가(80.3), 티맵모빌리티(60.1), SK플래닛(86.3) 등

↓ 20.1

SK하이닉스

90.0 → **SK E&S** — 파주에너지서비스(51.0), 나래에너지서비스(100), 여주에너지서비스(100), 도시가스 7개 사 등

41.2 → **SK네트웍스** — SK매직(100), SK렌터카(93.6), SK네트웍스서비스(86.5) 등

40.6 → **SKC** — SK엔펄스(96.5), SKC에프티홀딩스(100), SK피아이씨글로벌(51.0) 등

44.5 → **SK에코플랜트** — 환경시설관리(100), SK에코엔지니어링(52.7), SK오션플랜트(37.6) 등

SK스페셜티
100

51.0 → **SK실트론**

64.0 → **SK바이오팜**

37.4 → **SK리츠**

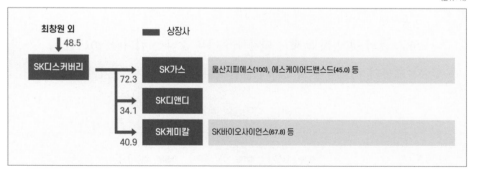

최창원 - SK디스커버리 계열

(단위 : %)

최창원 외
↓ 48.5

■ 상장사

SK디스커버리 → SK가스 울산지피에스(100), 에스케이어드밴스드(45.0) 등
72.3
↓ SK디앤디
34.1
↓ SK케미칼 SK바이오사이언스(67.8) 등
40.9

엄청 욕을 먹었습니다만, SK그룹은 삼성(63개)이나 카카오(128개)보다도 훨씬 많죠. 계열사가 많을 때 경영이 잘되면 문제가 없습니다. 하지만 경영이 어려워질 때 계열사가 많으면 선택과 집중이 힘들어지죠. 자원과 인력이 분산되면서 효율성이 떨어지는 겁니다. "너무 문어발식으로 경영해서 이렇게 된 거 아냐?" 충분히 이렇게 비판할 수도 있는데요. 사실 SK의 계열사가 이렇게 많은 이유는 두 가지 때문입니다.

2003년 SK는 사모펀드 소버린에게 공격받았죠. SK가 사모펀드에 당하고 나니까 어이가 없는 겁니다. "다른 회사를 공격해서 저렇게 천문학적인 돈을 벌어? 우리도 저렇게 하면 안 돼?" 그 후로 SK의 모토는 이렇게 변합니다. "우리가 투자회사를 하자!" SK의 계열사가 많아진 첫 번째 이유입니다.

사모펀드는 회사의 가치를 높여서 팔면 끝이죠. SK는 그걸 넘어서 M&A를 정말 잘하는, 투자만으로도 먹고사는 기업이 돼보려고 했습니다. 투자로 계열사를 늘리고 가치를 키우는 거죠. 잘 운영되면 가지고 있고, 운영이 힘들면 파는 걸 회사의 주력 사업으로 삼았습니다. 그러다 보니 계열사가 많이 늘었죠.

두 번째는 SK가 하나의 사업이 아니라 생태계 자체를 가지려 한 겁니다. 배터리 산업을 예로 들면요. 거기에 동박이 필요해? 공장은? 소재는? 이런 식으로 일부분이 아닌 생태계 자체를 가지려 했습니다. 그러니 어떤 분야 하나가 잘 안 돌아가면 대여섯 개가 다 같이 부진하기도 했죠. 투자 성과가 좋은 것도 있습니다만, 11번가처럼 완전 망한 투자도 생겼습니다. 그런 사업 구조가 이어지다가 현재 상황에 이른 겁니다. 이 두 가지 이유 때문에 SK의 계열사가 너무 많아졌다고 볼 수 있습니다.

국내 최다 계열사를 거느린 SK그룹

(단위 : 개)

SK	SK(주)	SK디스커버리	SK스퀘어	SKC	SK 씨에프티 홀딩스	SK 이노베이션	리뉴원
자회사	22	5	10	8	1	10	9
손자회사	92	16	16	4	0	11	0
증손회사	54	5	0	0	0	0	0

※ 2024년 6월 기준 SK그룹의 계열사 총수: 219개   자료 : 공정거래위원회

두 번째 문제는 2023년에 SK그룹이 큰 위기를 맞았다는 점입니다. 2022년 SK그룹의 매출은 193조 원이었죠. 근데 2023년에는 177조 원으로 감소했습니다. 더욱 심각한 것은 영업이익이 17조 원에서 2023년에 적자로 전환됐다는 점입니다. 이 경영 악화가 SK그룹 전체에 큰 타격을 입혔습니다.

SK그룹 비금융합산 재무 추이

(단위 : 십억 원)

구분	총자산	총자본	총차입금	순차입금	매출액	영업이익	금융비용	순이익	EBITDA	현금과부족
2020	228,088	121,904	68,361	51,476	123,363	7,058	1,653	7,610	25,451	-2,768
2021	269,679	137,970	82,096	59,424	150,221	19,183	1,675	16,555	38,811	-4,656
2022	313,007	147,750	106,714	77,089	193,238	17,213	2,753	8,531	40,678	-13,437
2023	322,404	145,880	117,831	84,900	177,462	-40	4,720	-6,098	22,734	-16,820

자료 : 공시 자료

특히 반도체 부문에서 큰 문제가 발생했는데요. 2022년과 2023년을 비교하면, 반도체 부문에서 매출이 급감합니다. 영업이익 7조 원을 벌던 회사가 7조 원에 달하는 영업손실을 기록했습니다. 이게 그룹 전체에 핵폭탄을 터뜨린 것이죠. 지금의 위기는 저런 상황에서 비롯된 문제라는 점을 주목해야 합니다.

문제는 단순히 반도체 부문에서의 일시적 위기가 아니라는 점입니다. SK그룹은 사업 포트폴리오를 대대적으로 재편하며, 기존 사업에서 벗어나 장기적이고 대규모 투자가 필요한 새로운 분야로 방향을 전환하고 있었습니다. 반도체와 배터리가 바로 그 두 가지 핵심 주력 사업입니다. 반도체는 이미 알고 있듯이 한 번 공장을 건설할 때마다 막대한 비용이 들어가고요. 특히 HBM과 같은 첨단 반도체 기술을 보유한 만큼 미국에 강제로 진출하여 새로운 공장도 건설 중이죠. 배터리도 마찬가지로, 매우 비용이 많이 들고 장기적인 투자가 필요한 사업입니다.

이 두 사업이 수익을 내려면, 다른 기업과의 치킨 게임에서 승리해

(단위 : 십억 원, %)

구분	정유·화학		반도체		통신		에너지		기타	
	2022	2023	2022	2023	2022	2023	2022	2023	2022	2023
매출액	83,179	81,308	46,976	34,791	20,982	18,975	19,315	18,160	22,786	24,228
영업이익	4,116	1,691	7,374	-7,450	2,146	1,734	1,810	1,635	1,767	2,351
이자비용	787	1,349	587	1,531	462	401	225	351	692	1,090
순이익	1,812	158	2,616	-8,904	1,354	711	1,227	1,403	1,522	534
EBITDA	6,379	4,098	22,192	6,783	6,410	5,696	2,456	2,297	3,241	3,859
영업이익률	4.9	2.1	15.7	-21.4	10.2	9.1	9.4	9.0	7.8	9.7
EBITDA/매출액	7.7	5.0	47.2	19.5	30.5	30.0	12.7	12.6	14.2	15.9
EBITDA/이자비용	8.1	3.0	37.8	4.4	13.9	14.2	10.9	6.6	4.7	3.5

자료 : 공시자료

야 하죠. 현재 SK온이 배터리 부문을 담당하고 있지만, 아직 치킨 게임은 끝나지 않았습니다. SK온은 중국의 저가 공세와 치열한 기술 경쟁 속에서 아직 살아남아야 하는 겁니다.

배터리 부문은 여전히 기술 경쟁과 가격 경쟁이 치열하죠. 배터리 사업이 성공하려면 전기차 시장이 커져야 하는데요. 캐즘에 빠져 2024년 전기차 시장은 수요가 정체된 상황입니다. SK온은 포드, 현대자동차 등과 협력하여 배터리 공장을 짓고는 있죠. 하지만 전기차 수요가 줄어들면서 엄청난 위기를 겪고 있습니다. 수익은 없는데 투자는 계속해야 하니까요. 반도체는 그나마 해결될 기미가 보이기라도 하죠. 하지만 SK온의 문제는 캄캄한 상황입니다.

현재 SK그룹의 차입금은 약 83조 원에 달하고요. 하루에만 수익

원의 이자가 발생하고 있습니다. 아직은 여력이 있지만 특별한 조치 없이 이대로 계속 가는 것은 불가능하다는 얘기도 나오고 있죠.

ⅢⅠ 위기탈출 SK그룹 ① 합병으로 대동단결

SK가 지금 상황을 해결하기 위해 여러 대책을 세웠는데요. 가장 먼저 논의 중인 부분은 'SK온을 어떻게 처리할 것인가?'입니다. 배터리 부문이 지금은 '돈 먹는 하마'가 돼버렸지만, 그렇다고 쉽게 포기할 수는 없죠. 그래서 SK온과 같은 계열사의 다른 회사를 합병해 자금을 마련하는 계획이 검토되고 있습니다.

SK이노베이션·SK E&S 기업 개요

(단위 : 억)

구분	코스피 상장	비상장
	SK이노베이션	SK E&S
매출	772,885	111,672
영업이익	19.039	13,317
주요 계열사	SK에너지 SK지오센트릭 SK엔무브 SK온	나래에너지서비스 프리즘에너지 부산도시가스
주요 주주	SK(주) 36.22% 국민연금공단 6.28% 노소영 0.01%	SK(주) 90% (10%는 SK(주)가 TRS 계약 체결)
사업 분야	정유, 석유화학, 윤활유, 전기차 배터리 등	LNG발전, 태양광·풍력, LNG트레이딩 등

자료 : 금융감독원

현재 가장 유력한 합병 대상은 SK E&S입니다. SK E&S는 도시가스 사업 등을 통해 안정적인 현금흐름을 보유하고 있는 회사로, SK온에 필요한 자금을 제공할 수 있는 캐시카우 역할을 할 수 있죠. SK온은 아직 비상장 회사입니다. 또 SK온은 SK이노베이션의 100% 자회사죠. 현재 SK이노베이션은 매출 77조 원, SK E&S는 매출 11조 원 규모인데요. 매출에 비해 영업이익 면에서 두 회사의 차이는 크지 않습니다. SK E&S는 안정적인 수익을 창출하는 알짜 회사기 때문에 지금 SK E&S에서 나오는 현금을 SK온으로 투입하기 위해 'SK이노베이션과 SK E&S를 합병하면 어떨까'라는 안이 SK그룹 안에서 급부상했습니다.

SK온 같은 경우는 항상 상장한다는 얘기가 있었는데요. 배터리 상장을 얘기할 때 한국 금융사에서 가장 큰 흑역사로 꼽히는 사건이 LG에너지솔루션 상장입니다. LG화학이 알짜인 LG에너지솔루션을 물적분할로 상장했었죠. 당시 LG화학이 비난은 많이 받았지만, 약 20조 원의 상장 차익으로 기술 투자와 사업 확장을 성공적으로 이어갔었습니다. SK이노베이션 역시 비슷한 방식을 고려했으나, LG가 어마어마한 사회적 비판을 받자 SK는 같은 전략을 사용하기 어려운 처지가 되어버렸죠.

지금은 물적분할 상장에 대한 반대 여론이 강해서 반대매수청구권 같은 다양한 제약이 생겼습니다. 만약 지금 물적분할 상장을 시도한다면, 반대 주주로부터 큰 저항을 받을 가능성이 큽니다. 비용도 당연히 더 많이 발생하겠죠. 사회적 비난과 법적 제약을 뚫고 상장을 추진하기엔 실익이 크지 않기 때문에, 이 카드는 일단 보류한 상태입니다.

SK이노베이션과 SK E&S의 합병 과정에서도 복잡한 문제가 발생할 수 있습니다. 만약 자산을 기준으로 합병 비율을 정하게 되면 SK E&S의 주주들이 불공정하다고 반발할 가능성이 크고, 시가를 기준으로 평가하더라도 SK이노베이션 주주가 불만을 제기할 수 있죠. 항상 공정한 합병 비율을 설정하는 것은 정말 어려운 과제입니다.

게다가 SK E&S에는 사모펀드도 투자하고 있어서요. 이들 역시 합병 비율에 민감하게 반응할 가능성이 큽니다. 이들은 투자 수익에 대한 약정(RCPS 보장수익률 9.9%)이 걸려 있기 때문에 수익이 줄어든다면 무조건 반발할 겁니다.

결국, 합병 비율을 공정하게 설정하지 못하면 양측 주주들의 반발을 피하기는 어렵습니다. 어디로 보나 합병이 쉽지는 않을 것 같고요. 그래도 포기하지 못하는 이유는 현재 SK온의 자금을 마련할 만한 방안이 합병 외에는 뚜렷하게 나오지 않고 있기 때문입니다. 회사채와 영구채도 이미 상당히 발행된 상태라 주요 대응책으로 보기는 힘들고요.

ⅢⅠ 위기탈출 SK그룹 ② 투자 자산 현금화

또 다른 방안은 계열사나 해외 투자 자산을 현금화하여 유동성을 확보하는 겁니다. 기존에 투자한 자금은 현재 약 30% 이상의 손실을 보고 있습니다. 그런 투자 자산도 지금 현금화 중인 겁니다. 주력 계열사가 아닌 것들은 매각하고 있죠. 예를 들어 SK렌터카를 사모펀드에 8,300억 원에 매각했습니다.

투자 자산을 현금화하는 것은 SK그룹이 지금 정말 큰 위기에 직면했다는 말이기도 합니다. 문제는 종합적인 대책을 논의하는 회의가 2024년 6월 말에 있었는데도 구체적인 대책 시나리오가 나오지 않았다는 거죠.

SK 종합 경영 비상회의의 내용은 다음과 같습니다. "지금까지 배터리와 반도체 때문에 자금이 많이 들어갔는데, 앞으로 어떻게 할 것인가?" 이 질문에 어찌 보면 당연한 말로 결론짓습니다. "자금을 더 투입하겠다." 특히 AI 반도체 분야에 100조 원 이상, 그리고 HBM 분야에 80조 원 이상을 추가로 투자하겠다고요. 배터리 부문 역시 마찬가지입니다.

⑪ 1조9천억 원, 뼈가 시린 이혼

보는 것처럼 SK그룹은 지금 한 푼이 아까운 상황인데요. 만약 최태원 회장의 이혼이 확정되면 재산분할금으로 약 1조4천억 원을 지급하게 생겼습니다. 세금까지 포함하면 1조9천억 원가량을 마련해야 하죠.

전 세계에 있는 SK의 다양한 투자 자산들, 발전소 투자, 쏘카 등 온

SK의 매각예정자산 현황

(단위 : 만 원)

페루 LNG 컴퍼니	27,831,600
조이비오그룹	16,666,500
ESR케이만	14,118,800
반도체소재사업부문	12,386,300
가전사업부문	7,704,200
중국사업부문	7,450,500
㈜쏘카	5,465,200
자원사업부문	1,831,800
디지털콘텐츠코리아투자조합	339,500
카티니사업부문	269,600
센트럴융합콘텐츠기술투자조합	88,400
P&I문화혁신투자조합	81,800
대교콘텐츠투자조합1호	74,600
기타	362,800
합계	94,671,600

※ 2024년 1분기 기준   자료 : 금융감독원

갖 매각예정자산을 다 털어도 1조 원이 채 되지 않습니다. 물론 재산
분할은 SK그룹이 아닌 최태원 회장의 개인 자산으로 해결해야 할 문
제지만, 이 과정에서 지분 구조가 변경되거나 자산 매각이 필요해지면
그룹의 경영에도 영향을 미칠 수 있겠죠.

정리하자면 SK그룹은 현재 직면한 위기 때문에 현금 확보를 위해
투자한 계열사마저 손해를 보면서까지 정리하고 있는데요. 엎친 데 덮

친 최태원 회장의 이혼 이슈로 역대급 재산분할금까지 신경 써야 하는 상황인 거죠. 물론 재계 서열 2위 대기업이 한순간에 무너지지는 않겠지만 여러모로 제대로 된 대책을 마련하기는 해야 할 겁니다.

9

4만 전자,
삼성이 망하면 나라가 망할까?

.
.
.

2024년 11월 14일 삼성전자의 주가가 49,900원까지 떨어졌습니다. 우스갯소리로 일컫던 '4만 전자'가 현실이 된 겁니다. 이재용 회장이 삼성을 경영한 지 2년 만의 일입니다. 지금 시장에는 이런 말이 쉬지 않고 나오는 중입니다. "우리나라 국내 재계 순위 1위, 삼성이 진짜 위기다!" 이 위기라는 말이 예삿일이 아닙니다. 결론부터 말하면 실체가 있기 때문입니다.

2023년 말 기준 삼성전자를 가진 주주가 우리나라에 500만 명이 넘습니다. 그러니까 우리나라 투자자 중 세 명에 한 명꼴로 삼성전자와 어떻게든 엮여 있는 겁니다. 사실상 국민주라고 할 수 있는 수준이죠. 삼성전자의 코스피 비중이 20%, 우리나라 GDP 대비 비중은 13%, 이렇게 계산하기 시작하면 삼성전자의 위기가 우리나라에 정말 안 좋은 일입니다. 그래서 더 삼성전자가 왜 위기고 어떤 상황인지를 제대로 분석해야 합니다.

많은 사람이 이렇게 말하죠. "삼성이 망하면 나라가 망하는 거야?" 어찌 보면 일리가 있는 말입니다. 삼성이 망할 정도가 됐다면 우리나라에 어마어마한 위기가 들이닥쳤을 테니까요.

ⅢⅠ 위기의 삼성, 뭐가 문제인가?

2024년 10월, 삼성전자가 3분기 실적을 발표했습니다. 시장은 삼성의 발표 전에 상황이 안 좋다는 사실을 미리 알고 있었습니다. 그래서 예상 실적도 최대한 보수적으로 평가했었죠. 그렇게 보수적으로 평가한 지표가 매출 80조 원, 영업이익 10조 원이었습니다.

그런데 막상 뚜껑을 열었더니 예상보다 더 심각한 어닝 쇼크가 온 겁니다. 매출도 80조 원이 무너져서 79조 원이 됐고, 영업이익은 10조 원이 무너져서 9.1조 원이 됐습니다. 이 수치는 삼성전자의 반도체, 가전, 핸드폰 사업 등을 합친 값인데요. 여기서 주목해야 하는 진짜 위기는 사실 반도체 부문입니다.

반도체만 따로 떼어서 분석하면, 2024년 3분기 영업이익은 3조 8,600억 원으로 4조 원에 못 미칩니다. 경쟁사인 SK하이닉스는 2024년 3분기 반도체 부문 영업이익이 7조 원을 넘었는데 말이죠. 그러니까 지금 삼성이 반도체 관련 사업에서 SK하이닉스에 밀리고 있는 겁니다. 그것도 몇조 원 차이가 날 정도로 격차가 벌어졌죠. 왜 이렇게 됐는지를 이해하려면 그전까지 나왔던 반도체 이슈를 순차적으로 정리할 필요가 있습니다.

먼저 반도체를 만들려면 반도체를 만드는 장비가 있어야 합니다. 반도체 장비 회사 중에 제일 유명한 회사는 네덜란드의 ASML입니다. 그 ASML이 2024년 10월 16일에 3분기 실적을 발표했는데요. 3분기 예약매출이 26억 유로로 2분기 예약매출인 55억6,700만 유로의 절반도 나오지 못한 겁니다. "어떻게 한 분기 만에 실적이 절반으로 떨어질 수 있지?" 이 실적에 시장이 충격을 받고 전 세계 반도체 관련 주식이 전부 하락을 겪었습니다.

ASML은 노광장비로 유명한 회사입니다. 노광장비는 쉽게 말하면 반도체 회로를 그리는 기계입니다. ASML의 실적이 나쁘다는 말은 반도체 장비가 필요한 회사들이 줄었다는 말이죠. 그래서 반도체 업계에 겨울이 왔다고 사람들이 생각한 겁니다. SK하이닉스를 생각하면 반은 맞고 반은 틀린 거죠. SK하이닉스는 영업이익이 7조 원을 넘었으니까요.

ASML의 예약매출이 절반이 된 이유가 있습니다. ASML의 가장 큰손, 매출의 49%가 바로 중국입니다. 근데 미국이 이렇게 말한 거죠. "중국이 최첨단 반도체를 생산하면 안 되니까 중국에 반도체 장비를 팔지 마!" 그 때문에 ASML은 꼼짝없이 매출의 반 정도가 날아간 겁니다. 그러니까 반도체 산업의 위기가 아니라 미국과 중국의 정책 때문이라는 말이 나옵니다. "그럼 중국을 제외한 나머지 시장은 괜찮겠네?" 이렇게 해석하려고 보니, 반도체 산업에서 국가 간 분쟁 외적인 요소로 양극화가 일어나고 있는 게 발견됩니다.

ASML의 주 고객은 정말 많습니다. 그중 AI와 연관된 반도체를 납품하는 회사들은 여전히 주문이 많았죠. 근데 AI 쪽에 반도체를 납품하지 못하는 회사들은 ASML에 추가로 주문하지 않았던 겁니다. 그게 바로 삼성, 인텔 이런 회사들입니다. 한마디로 반도체 산업이 겨울은 아닌 것 같고 이런 시장의 예측이 나옵니다. "AI 시장에 납품하지 못하는 반도체 회사가 겨울이 아닐까?" 이 가설은 대만 TSMC의 실적 발표로 확인됩니다.

TSMC는 대표적인 AI 반도체 수혜 기업입니다. TSMC의 2024년 3분기 실적은 이렇게 나왔습니다. 분기 매출 약 32조 원, 영업이익은 약 15조 원으로 전년 동기 대비 매출은 무려 39%가 늘었고 영업이익은 54%가 늘었습니다. AI의 등장으로 반도체 산업의 지형 자체가 바뀌고 있는 겁니다.

삼성전자는 지금 잘하던 분야에서 못하고 있고, 잘하고 싶은 건 감감무소식인 상황입니다. 한마디로 총체적 난국이죠. 원래 잘하던 건 세계 1등인 '메모리 반도체', D램을 말합니다. 잘하고 싶은 시장은 '파운드리'입니다. 메모리 반도체가 기성품이라면 파운드리는 수제, 맞춤형 양복 같은 거죠. '반도체 위탁 생산' 업체를 말합니다. 삼성은 이 두 시장에서 현재 다 고전 중인 '위기'에 직면한 겁니다.

ㅣㅣㅣ 삼성이 잘하던 메모리 반도체, 초격차가 잡은 발목

메모리 반도체가 부진한 원인은 두 가지입니다. 먼저 메모리 반도체는 경기를 탑니다. 기성품은 공장을 놀리지 않고 쭉 만들죠. 그렇게 만들었는데 물건이 다 팔리면 실적이 나는 겁니다. 그런데 이 메모리 반도체 경기가 어떤지 보니까 2024년 4분기가 정점인 겁니다. 기업의 주가는 실적 예측에 따라 먼저 반영되죠. 투자자들은 당분간 메모리 반도체 경기가 하향하는 사이클로 들어간다고 파악한 겁니다. 가장 먼저 메모리 반도체의 경기 침체가 삼성의 주가에 한 방을 먹였습니다.

다음은 삼성이 원래 잘 만들던 기성품이 있었죠. 예를 들어 원 버튼 양복이라고 가정하겠습니다. 예전엔 이 원 버튼 양복이 유행이었는데 근데 갑자기 유행이 바뀐 거죠. 어느 날 부터 더블 버튼, 트리플 버튼이 유행하기 시작했습니다. 근데 삼성은 원래 잘하던 원 버튼만 고집했던 겁니다. "저 무거운 걸 누가 사겠어? 옛날 아저씨 옷 아냐?" 이런 식으로 우습게 본 거죠.

근데 이제 시장에 나가 보니까 사람들이 더블 버튼, 트리플 버튼만 입는 겁니다. 내가 원래 만들던 건 유행이 아니게 된 거죠. 시대가 바로 'AI 반도체'로 바뀐 겁니다. 그래서 AI에 납품되는 이른바 고대역폭 메모리 반도체, HBM(High Bandwidth Memory)이 세상을 휩쓰는 동안 삼성은 시대에 뒤떨어진 기업이 됐습니다. 지금 전 세계에서 HBM 관련 어마어마한 수요가 쏟아지고 있죠. 그 HBM을 SK하이닉스에서 만들고 있습니다. 메모리 반도체 시장의 새로운 강자로 등장한 겁니다.

SK하이닉스가 만든 HBM이 TSMC로 보내져서 조립, 패킹에 활용됩니다. 그 후 최종 AI 반도체를 TSMC가 엔비디아로 납품하죠. 그럼 엔비디아는 AI 관련 기업인 메타, 구글 등에 AI 반도체를 납품하는 겁니다. 이런 SK하이닉스, TSMC, 엔비디아의 삼각동맹이 오늘날 반도체 시장을 휩쓸고 있습니다.

그러니 삼성은 위기에 빠진 겁니다. 메모리 반도체는 이미 경기가 꺾이고 있고, 남들이 원하는 HBM은 만들지 못하고 있죠. 더 중요한 건 삼성이 HBM을 만들지 못하는 사이에 이미 AI 반도체 삼각동맹이 구축됐고, 이게 삼성에는 굉장히 심각한 구조적 문제로 남은 겁니다. 이제는 단순히 "HBM을 만들 수 있느냐, 없느냐?"로 해결할 수 없는 문제가 됐다는 거죠. TSMC는 파운드리 분야에서 삼성과 경쟁하고 있기 때문에 삼성의 HBM 납품을 바라지 않을 가능성이 높습니다. 그렇기 때문에 삼성이 과연 이미 구축된 AI 반도체 동맹에 비집고 들어갈 수 있는가에 대한 우려도 제기되는 중입니다.

대외적인 상황이 이렇더라도 사람들은 삼성이 금방 회복할 거라고 생각했습니다. 그래도 삼성이 메모리 반도체 1위, 압도적인 기술력을 가졌던 기업이니까요. 삼성이 HBM을 만들기 시작하면 분명 SK하이닉스를 쉽게 따라갈 거라는 평이 많았죠. 그런데 시간이 지나도 삼성이 격차를 따라가지 못하고 있습니다. HBM을 아예 못 만든다는 건 아니지만 수율이 낮아서 계속 불량이 나오는 거죠. 고품질·고사양의 HBM을 만들 수는 있습니다만 결과물에 불량이 많아서 그걸 통으로 납품할 수가 없는 겁니다. 왜냐면 동시에 생산한 것 중에 어느 게 불량일지 모르니까요.

원래 업계에서는 2024년 9월 말쯤 삼성의 HBM 생산이 어느 정도 납품 가능한 수율에 도달할 거라고 예측했습니다. 그때쯤 엔비디아에 HBM 납품 관련 성능 테스트도 받고 삼성의 반도체 문제가 해결될 수 있다고 본 거죠. 그런데 이 일정이 점점 늦춰지는 겁니다. 그러다 더 부정적인 전망이 나옵니다. "삼성의 HBM 납품이 2024년 안에는 힘들다."

삼성의 HBM이 난항을 겪는 이유는 이렇게 말할 수 있습니다. "너무 느슨했고, 너무 타이트했다." 삼성은 이미 최첨단 제품을 만들어왔기 때문에 늘 자신감이 있었죠. "우리는 언제든지 만들 수 있다." 이런 자신감 때문에 오히려 HBM 관련 준비가 느슨해졌고 결국 결정적인 시기를 놓치게 됐습니다.

너무 타이트했다는 말은 HBM을 가볍게라도 이해해야 알 수 있습니다. HBM이 원래 없던 기술이 아닙니다. 예전에는 메모리 반도체 기술에서 중요한 것이 '얼마나 많은 것을 촘촘하게 넣느냐'였죠. 지금은 그게 한계에 다다랐다는 평가가 있습니다. 이전에는 메모리 반도체에 '황의 법칙'이 적용됐습니다. 황의 법칙은 "반도체 메모리의 용량은 1년마다 2배씩 증가한다."는 이론입니다. 하지만 지금은 이 법칙을 적용하기 힘들 정도로 메모리 반도체가 초정밀 상태입니다.

그럼 이제는 어떻게 성능을 높일 수 있을까요? 촘촘하게 넣는 게 아니라 쌓기 시작한 겁니다. 예를 들어 자동차의 성능을 향상하기 위해 엔진의 출력을 높이다가 이제 더 이상 엔진의 출력을 높이기 힘든 순간이 찾아왔다고 가정합시다. 이때 자동차 성능을 향상하려면 어떤 방법이 있을까요? 바로 같은 본네트 안에 엔진을 두 개 넣으면 되는 겁니다. 이제 그런 메모리 반도체가 나왔다고 생각하시면 됩니다. 메모리 반도체를 집적하는 게 아니라 쌓는 겁니다.

삼성은 초격차를 강조하면서 따라올 수 없는 고도의 기술과 남들이 생각할 수 없는 그런 제조 방식에 집착했는데, HBM은 어찌 보면 단순한 거죠. "우리 그냥 이렇게 쌓을래." 이게 성공한 겁니다. 삼성은 기술력을 바탕으로 초격차를 고수하다가 SK하이닉스에 뒤통수를 맞은 거죠. 마치 예전 일본의 반도체 기업인 도시바, 히타치 같은 상황이 된 겁니다. "우리는 더 작게 만들어서 초격차가 나는 초집적 메모리를 만들 거야!" 이런 기존의 방식 탓인지 수율이 떨어지고 경제성도 떨어졌죠.

결국 삼성은 "언제든 할 수 있어!"라는 느슨함과 "초격차 기술력으로 승부한다!"라는 타이트함에 발목을 잡히면서 HBM 시장을 놓칩니다. 그 결과 지금껏 잘하던 메모리 반도체 시장에서 부진을 겪게 됐죠.

ⅢⅠ 삼성이 잘하고 싶은 파운드리, 문제는 기술과 신뢰

삼성이 잘했던 분야가 메모리 반도체라면 잘하고 싶은 분야는 파운드리 시장입니다. 삼성이 파운드리 시장에 본격적으로 진입하기 시작한 건 2017년부터입니다. 삼성의 파운드리 사업은 원래 2005년부터 시스템LSI 사업부 내에 있었죠.

2017년에 '파운드리 사업부'가 정식 출범하면서 삼성은 파운드리 시장에 본격적으로 뛰어듭니다. 이 파운드리 시장의 압도적인 1등은 대만의 TSMC입니다. 2024년 2분기 기준 파운드리 세계 시장점유율은 TSMC가 62%, 삼성이 13%였죠.

2024년 2분기 글로벌 파운드리 점유율(매출액 기준)

(단위 : %)

자료 : 카운터포인트리서치

삼성이 TSMC와 경쟁하기 힘든 이유가 있습니다. 먼저 TSMC의 파운드리 기술력을 삼성이 못 따라갑니다. TSMC는 재단사가 아주 가는 바늘로 어마어마하게 수를 놔서 제작한다면 삼성은 TSMC보다 훨씬 두꺼운 바늘을 쓰고 있습니다. 이런 미세 공정에서 TSMC의 기술력이 훨씬 뛰어납니다. 그래서 국제 규모의 큰손들은 아주 중요한 고품질 반도체를 TSMC에 맡길 수밖에 없는 상황입니다.

다른 이유는 바로 '신뢰 문제'입니다. TSMC의 가장 중요한 전략은 바로 이겁니다. "우리는 고객과 경쟁하지 않습니다." TSMC는 고객의 요청대로 제작만 하는 업체입니다. 애플처럼 핸드폰을 만들어서 팔거나 테슬라처럼 전기차를 만드는 사업을 하는 건 아니죠. 그런데 삼성은 스마트폰부터 자동차까지 없는 제품이 없습니다. 고객사가 만약 삼성 파운드리에 제작을 요청했을 때 그 설계도가 삼성의 가전제품에 쓰일 수도 있다는 '신뢰 문제'가 생기는 거죠.

결국 삼성은 기술과 신뢰 문제로 TSMC의 파운드리 점유율을 따라가지 못하고 있습니다. 지금 삼성이 세탁기, 에어컨, 스마트폰, 메모리 반도체 등으로 번 대부분의 수익이 파운드리 사업으로 들어가는 중입니다. 이 돈을 메꾸려면 삼성의 파운드리가 계속 돌아가야겠죠. 하지만 삼성이 만들고 싶어도 주문하는 기업이 없습니다. 애플 같은 국제 규모 기업이 삼성에 주문하면 정말 좋겠지만, 애플이 왜 삼성에 맡기겠어요? 공장은 대규모로 지어놨는데 주문은 없으니 정말 심각한 상황이죠. 삼성이 하루빨리 해결해야 하는 핵심 문제입니다.

ⅲ 위기의 삼성, 과연 해결책은?

삼성은 메모리 반도체와 파운드리 분야의 핵심 문제를 기술이라고 말합니다. 지금 HBM 말고 기존에 있던 D램 시장도 삼성이 SK하이닉스에 밀린다는 소문이 있습니다. 최첨단 반도체를 SK하이닉스가 먼저 개발하고, 먼저 양산에 들어갈 예정이기 때문입니다. 파운드리의 경우는 가장 문제인 지점이 바로 '신뢰 문제'였습니다. 제작을 맡긴 설계도를 삼성이 자사 제품에 활용할 수 있다는 거였죠.

만약 삼성 파운드리를 분사한다면 이런 신뢰 문제를 해결할 수도 있었을 겁니다. 하지만 이재용 회장은 삼성 파운드리를 분사할 계획이 없다고 분명한 입장을 밝혔습니다. 삼성은 아직도 이렇게 생각하는 겁니다. '우리 기술이 TSMC보다 압도적으로 좋아지면 어쩔 수 없이 맡길 거야.' 하지만 시장이 납득하기는 힘든 결정입니다. 왜냐면 삼성에 지금 당장 눈에 띄는 기술적 성과가 있는 것도 아니니까요. 그렇다고 삼각동맹, 고객사와의 신뢰 같은 적극적으로 대응해야 할 사안에 제대로 된 대책을 내놓는 것도 아니고요.

삼성이 파운드리 분사를 하지 않는 이유는 이해가 갑니다. 기업을 쪼갠다는 게 보통 문제가 아니지 않습니까? 조직 나누기, 주식 분할하기, 지분 나누기 등 신경 쓸 것도 많고 어렵다는 건 누구나 다 알죠. 그렇다면 그에 준하는 '대책'을 내놓아야죠. 예를 들면 영업부에 반도체를 맡기면 고객사와 공동투자를 한다든지, 이런 어떤 대응이 나와야 시장도 긍정적인 평가를 할 수 있는 겁니다. 그런데 분사를 안 한다고 말만 하고 그에 준하는 대책이 없으니 시장이 전망하는 삼성의 미래는 점점 어두워지는 겁니다.

ⅢⅠ 삼성이 망하면 나라가 망한다? 오히려 살아날지도?

2024년 11월 23일 미국 텍사스주 연방법원 배심원단은 삼성이 넷리스트(Netlist)라는 회사에 약 1,660억 원의 배상금을 지급하라고 평결을 내렸습니다. 배상 이유는 간단히 말해 특허 침해입니다.

넷리스트는 사실 우리나라 사람이 만든 미국 회사입니다. LG전자 출신이 미국에 가서 창업한 회사죠. 여러 가지 기술을 살려 특허도 내고, 알토란같이 회사를 키우면서 삼성을 비롯한 여러 반도체 회사들과 협업도 했습니다.

문제는 삼성과 넷리스트의 협업이 끝나고 발생합니다. 넷리스트에서 삼성이 자신들과 협업이 끝나고도 넷리스트의 특허를 맘대로 사용했다고 주장한 겁니다. 넷리스트는 삼성을 상대로 2021년에 소송을 내서, 2023년에 4,000억 원이 넘는 배상 판결을 받은 적이 있습니다. 이 배상 판결을 보고 삼성이 선택한 대응은 특허 무효 소송이었죠.

삼성은 넷리스트가 가진 여러 특허가 특허의 대상이 아니라고 주장했습니다. 삼성이 만약 여기서 이겨버리면, 이제 넷리스트의 특허는 없는 것이나 마찬가지가 됩니다. 그러면 삼성뿐 아니라 어떤 사람도 넷리스트가 갖고 있던 기술과 특허를 마음대로 쓸 수 있게 되는 거죠. 현재 삼성이 제기한 넷리스트의 특허 7건 무효 소송 중, 6건은 삼성이 1심 판결에서 승소해버렸습니다. 이렇게 되면 삼성이 특허 침해로 받았던 4,000억 원 이상의 배상 판결을 뒤엎을 여지가 생기겠죠.

그런 상황에서 이번에 또 다른 판결이 나온 겁니다. 바로 앞에서 말한 삼성이 넷리스트에 1,660억 원을 배상하라는 판결입니다. 이번 판결이 더 씁쓸한 이유는 판결에서 "특허 침해에 고의성이 짙다."고 지적했기 때문입니다. 또한, 판사 재량으로 배상액을 최대 3배까지 올릴 수 있는 상황이죠. 만약 판사의 "빨리 배상하라."는 말에 삼성이 반기를 들거나 소송에서 계속 문제를 일으키면 배상액이 더 커질 수도 있습니다.

넷리스트는 삼성의 대응에 특허를 세분화하고 쪼개서 대응하고 있습니다. 각종 특허를 단계별로, 기술별로, 공정별로 쪼개서 새로운 특허를 계속 등록하는 거죠. 쉽게 설명하면 '넷리스트 참치김밥'이라는 특허 소송에서는 패소하더라도 '밥을 볶는 법', '단무지를 넣는 법' 같은 특허는 여전히 살아남는 겁니다. 삼성이 이 특허들을 하나하나 다시 무효화하려면 또 다른 소송 과정을 겪어야 합니다.

이러한 삼성의 분쟁으로 알아야 하는 사실이 있습니다. 삼성이 협력사와 일할 때 굉장히 안 좋은 습관을 지니고 있다는 겁니다. 예전에도 비슷한 경우가 있었습니다. 바로 삼성과 한미반도체의 특허 침해 소송입니다.

삼성은 한미반도체라는 회사와도 협업한 적이 있었습니다. 한미반도체는 삼성에 반도체 웨이퍼를 자르고 붙이는 특별한 기술을 납품했었죠. 그런데 어느 날 갑자기 삼성이 세크론이라는 자회사를 만듭니다. 세크론이 무슨 회사인지 살펴보니 삼성이 한미반도체의 특허를 침해해서 설립한 회사였던 겁니다. 그 후 삼성은 한미반도체와 거래를 끊고, 자회사에서 작업을 이어갑니다.

한미반도체는 뚜껑이 열릴 일이죠. 결국 삼성을 상대로 특허 침해 소송을 제기했고, 2012년 소송에서 승소합니다. 배상액으로 21억 원이 나오죠. 중요한 건 배상액이 아니라 사건 자체입니다. 협력사였던 한미반도체의 특허를 삼성이 맘대로 침해했다는 게 핵심인 겁니다. 그 후 한미반도체는 이렇게 말합니다. "내가 회사가 망하면 망했지, 눈에 흙이 들어가기 전까지 삼성과는 거래하지 않는다." 실제로 한미반도체는 관련 거래를 전부 SK하이닉스로 돌려버립니다. 그럼 삼성은 한미반도체의 특허를 피해서 작업해야 하니 비용도 더 들고, 효율도 떨어지게 되죠.

이처럼 삼성은 자신이 필요한 기술을 가진 소규모 회사가 있으면, 그 회사를 자회사로 편입시키거나 협력사로 만들어 기술을 활용하고는 합니다. 그러다 소송에 휘말리거나 문제가 발생하기도 했죠. 삼성은 막연히 이렇게 생각한 겁니다. '내가 삼성인데 법원이 우리 편을 들어주겠지.' 그랬던 결과물이 지금 부메랑이 되어 돌아오고 있는 겁니다.

기술의 삼성이 어쩌다가 TSMC 같은 기업에 뒤떨어지게 됐을까요? 핵심은 바로 여기 있습니다. 삼성이 반도체에 들어가는 모든 기술을 독점하려 하고, 협력사마저도 전부 장악하려 한다는 겁니다. 예를 들어 A사와 B사가 삼성을 상대로 납품하고 있습니다. 어느 날 A사가 기술 개발이 있었다는 업계 소식이 들렸습니다. 그때 삼성은 A사에 이렇게 요구합니다. "아이고, 김 사장. 작년에 돈 많이 벌었다며? 이제 납품 단가 좀 낮춰." A사가 반발하면 삼성은 B사에 물량을 몰아주거나, A사가 망할 때까지 기다립니다. 그래도 망하지 않으면 비슷한 회사를 만들어버립니다. 협력사는 결국 삼성이 하자는 대로 할 수밖에 없게 됩니다.

이런 불건전한 생태계에서 제대로 된 기술 개발은 일어날 수 없습니다. 건전한 생태계라면 이런 회사를 오히려 더 키워줘야죠. 예를 들어 1차·2차·3차 벤더, 기계를 납품하는 회사 등과 협력 모델을 구축해야 하는데 삼성은 그러지 못한 겁니다. 최고의 기술을 가진 회사라면, 작은 규모의 중소기업이라도 삼성 옆에서 안정적으로 협업할 수 있는 건전한 생태계가 구성돼야 했습니다. 그런데 삼성이 대장 노릇만 하고 이익을 독점하려고 하니 문제가 생기는 겁니다. 협력사는 기술을 개발하려는 동기가 없어지고 그냥 라인만 신경 쓰게 되죠. 삼성이 20년, 30년 넘게 우리나라 반도체 시장을 이끌어왔죠. 하지만 TSMC가 만든 대만의 반도체 생태계와 비교하면, 우리나라의 반도체 생태계는 형편없습니다. 이건 진짜 삼성의 책임입니다.

물론 특허 관련 소송은 아직 진행 중이기 때문에 "삼성이 명백히 틀렸다!"라고 말하기 힘든 부분도 있습니다. 하지만 이전의 사례를 봤을 때 이런 소송이 벌어지는 거 자체가 건전한 생태계와는 거리가 멀다는 겁니다. 삼성은 지금이라도 혼자서 모든 걸 하겠다는 생각은 버리고 우군을 더 많이 확보한 뒤, 삼성 중심의 건전한 생태계를 만들어야 합니다. 그래야 TSMC를 뛰어넘는 반도체 생태계를 만들 수 있습니다.

ııı 삼성 내부의 고질병, 관료화와 파벌

왜 삼성은 이렇게 시급한 사안들을 제대로 해결하지 않는 걸까요? 그 이유는 삼성 내부에도 있습니다. 예를 들면 삼성이 너무 커지다 보니 공기업처럼 관료화됐다는 말이 나옵니다. 마치 기업인이 공무원처럼 일하고 있다는 거죠. 심지어 연령대도 젊지 않습니다. 삼성 직원들의 연령대별 자료를 봤더니 2023년 기준 20대가 제일 적습니다. 40대보다도 20대가 적은 겁니다. 그러니 지금의 삼성은 비대화, 관료화, 심

삼성전자 전세계 직원 연령대별 분포 현황

(단위 : %)

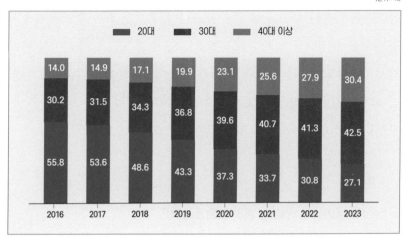

자료 : 한국 CXO연구소 , 삼성전자 지속가능경영보고서 참조

지어 노쇠화까지 겪는 중입니다.

현재 인사 관리를 잘해도 시원찮을 판에, 심심치 않게 나오는 얘기가 바로 파벌화입니다. 이제 기술보다 라인이 중요한 회사가 됐다는 겁니다. 특히 삼성의 비서실 라인이 가장 큰 문제입니다. 비서실이 파벌의 중심으로서 자리 잡고 있죠. 연구개발이나 영업보다 비서실, 즉 회장을 보좌하는 역할이 더 힘 있는 회사로 바뀐 겁니다. 이런 구조는 IT 기업이 망하는 전조라고도 말하죠. 지금 삼성의 임원이 이런 지시를 내린다고 기사가 쏟아집니다. "보고서를 초등학생도 알아들을 수 있게 써라."

이게 무슨 뜻이냐면 삼성의 최상위 임원은 기술직이 전문적으로 쓴 보고서를 읽을 능력이 없다는 겁니다. 삼성의 최상위 임원은 대부분 재무통입니다. 특히 이재용 회장의 측근이 대부분 그렇죠. 예를 들어 "지금 정부가 이렇게 돌아갑니다.", "누구를 어떻게 교체해야 합니다." 이런 단순한 보고는 잘 알아듣습니다. 하지만 진짜 중요한 기술적인 방면은 설명해도 모르니 초등학생도 알 수준으로 쉽게 풀어서 써야 하는 상황이라는 겁니다. 대부분 큰 규모의 IT 기업은 기술자가 임원입니다. 하지만 삼성은 주요 임원으로 재무통, 관료 같은 사람만 수두룩하니 기업 입장에서 굉장히 위험한 신호입니다.

ⅠⅠⅠ 삼성이 살아남는 방법 ① 착하게 운영해라!

삼성이 잘되는 방법은 사실 간단합니다. 범법을 저지르지 않는 겁니다. 한때 세계 초격차를 벌리던 삼성이 AI 시대와 세계적인 흐름이 변하는 건 왜 놓친 걸까요? 원래 삼성이 HBM 2세대까지는 잘 만들었습니다. 근데 HBM이 지금처럼 유행할지는 왜 몰랐던 걸까요?

지금까지 삼성은 시대를 내다보는 기가 막힌 전략을 내놓기로 유명했습니다. 예를 들면 일본과의 물량 싸움, 제품 개발 타이밍 등 항상 시류에 맞는 전략을 택했었죠. 근데 도대체 왜 AI로 바뀌는 이 타이밍을 놓친 걸까요? 그 이유로 가장 먼저 등장하는 말이 바로 이겁니다. "이재용 회장의 지배 구조 승계, 형사 리스크에 기업의 온 신경이 갔었다." 그래서 시류를 읽어야 하는 기술 문제가 등한시됐다는 거죠.

해법은 간단합니다. 불법을 저지르지 않으면 됩니다. 삼성이 자초한 문제는, 상속세를 내고 정상적으로 기업을 상속받으려 하지 않고,

꼼수를 부리려다 국정농단 사건에 휘말린 거죠.

ⅠⅠⅠ 삼성이 살아남는 방법 ② 퀀텀 점프

그럼 삼성이 HBM3를 개발하고 엔비디아에 납품하면 모든 게 해결되는 걸까요? 그것만으로 해결된다면 삼성이 빨리 개발하면 되는 거겠죠. 하지만 그렇게 쉽게 끝날 문제가 아닙니다. 삼성이 현재 상황을 극복해서, HBM의 수율이 엔비디아의 납품 수준을 통과할 정도까지 됐다고 가정합시다. 그래도 가장 먼저 삼각동맹을 비집고 들어갈 수 있느냐 하는 현실적인 문제가 있습니다. 만약 이 단계를 넘어섰다고 해도 삼성은 결국 수익을 SK하이닉스 또는 다른 업체와 나눠 먹는 구조가 될 수밖에 없습니다. 수익을 독점하는 구조는 불가능한 겁니다.

그래서 삼성에 전면적인 조직 쇄신과 분위기, 개혁 조치가 필요하다는 의견이 힘을 얻고 있습니다. 기술 개발은 하되 드러난 문제를 가능한 빨리 해결해야 한다는 겁니다. 기술을 따라잡는 수준이 아니라 아예 '퀀텀 점프'를 통해 새로운 시장으로 넘어가서 선점하지 않으면 이전의 삼성으로 돌아가지 못한다는 말입니다.

또 기존의 삼각동맹에서 벗어나 다른 동맹을 구축할 필요가 있습니다. AI 시대의 새로운 동맹으로 아예 시장 전체를 재편하고, 그 시장에서 완전 새로운 질서로 접근해야 다시 1등을 노릴 수 있다는 겁니다. 이미 짜인 판에서 평범한 기술 개발로는 예전의 기세를 되찾기 힘들어 보이는 게 현실입니다.

ⅠⅠⅠ 떠오르는 중국 반도체, 밥그릇 뺏기는 삼성

지금 중국 반도체가 부상하고 있습니다. 중국을 우습게 볼 상황이 아니죠. 중국의 레거시 반도체(28나노미터 이상의 공정을 통해 생산된 반도체) 공급은 계속 늘어나고 있습니다. 2024년 4분기에는 중국 기업 CXMT의 글로벌 D램 생산량 점유율이 12%나 될 예정입니다. 현재 1등은 삼성전자, 2등은 SK하이닉스, 3등은 마이크론이죠. 메모리 시장은 이렇게 3강 체제가 약 10년 정도 이어져 왔습니다. 그런데 중국의 점유율이 늘어나면서 이제는 사실상 4강 체제로 바뀌었다고 볼 수 있겠습니다.

중국의 부상 때문에 삼성의 중저가 반도체 시장도 위협을 받는 중입니다. 아까 언급한 레거시 반도체 시장은 지금까지 삼성의 영역이었는데요. 이제 그 시장에 중국이 참전한 겁니다. 그래서 삼성은 더 골머리를 앓게 됐습니다. 지금은 그래도 미국이 중국의 반도체 산업을 견제하는 상황이라 괜찮아 보일 수 있습니다. 하지만. 이게 양날의 검이될 가능성도 있습니다. 왜냐면 중국은 반도체가 미래의 쌀이라는 걸누구보다 잘 알고 있기 때문입니다.

중국은 지금 국가적인 사활을 걸고 반도체 기술 개발에 지원하는 중입니다. 자칫하면 지원을 받은 중국 반도체 기업이 엄청난 속도로 기술 개발을 이룩해서 우리나라와의 기술 격차가 생각보다 빨리 좁혀질

가능성이 있습니다.

실제로 현업 기술자들은 이런 예를 듭니다. 우리는 자본주의 내에서 경쟁하기 때문에 가장 수율이 높고 합리적인 개발안으로 조심스럽게 접근하지만 중국은 가장 모험적인 방식을 동원해서 성과를 내는 중이라는 겁니다. 만약에 중국이 퀀텀 점프를 한다면 한국의 반도체 산업에 큰 위협이 될 수도 있겠죠.

ⅢⅠ 전 세계의 천문학적인 반도체 보조금, 한국은?

이제 반도체 산업은 정부가 지원하지 않으면 개별 기업이 살아남기 어려운 시장이 됐습니다. 미국도 인텔이 다 쓰러지게 생겼으니까 어쩔 수 없이 엄청난 보조금을 지급하고 있죠. 중국도 마찬가지고요. 유럽도 늦었지만 발동을 걸고 있죠. 일본도 TSMC와 마이크론 등 여러 반도체 업체에 몇조 단위의 보조금 지급으로 투자를 유치하는 중입니다. 한국 정부에도 이처럼 숙제가 남았습니다. 지금 점하고 있는 반도체 생태계를 유지하려면 우리나라도 어느 정도의 재정 투입은 필요하다는 겁니다.

하지만 문제가 있습니다. 먼저 정부에서 줄 수 있는 보조금이 없습니다. 2024년 정부의 재정 상황은 역대 최악이죠. 지금도 정부의 여력이 없는데 반도체 산업을 지원하면 내수, 중소기업, 다른 업체들은 어떻게합니까? 그러니까 이것도 아주 지혜롭게 풀어야 합니다. 예를 들어 땅,

설비, 용수, 전력 등으로 지원하는 것도 충분히 가능하죠. 정부는 세계적인 흐름까지 고려해서 지금 반도체를 지원해야 하는 상황입니다.

만약 지원을 위해 삼성의 세금을 깎아주면 그 돈이 기업의 기술력 증진과 연결될까요? 과연 반도체 공장을 짓고 기술 개발하는 데 쓰이냐는 겁니다. 사실 그렇지 않은 예가 많았습니다. 기업 전체로 들어가거나, 대주주에게 쏠리는 경우가 많았죠. 그래서 '핀셋 지원'을 하자는 얘기도 나옵니다. 공장을 지으면 거기에 맞춤형으로 지원하는 거죠. 지금도 정부가 삼성에 보조금을 주지 않는 게 아닙니다. 각종 세액 공제로 엄청나게 지원 중이죠. 앞으로 추가로 지원할 때 어떤 방식으로 지원할지는 논의가 분명 필요해 보입니다.

ⅲ 4만 전자 삼성, 7년 만의 자사주 매입

2024년 11월 14일, 삼성전자의 주가는 이런 여러 악재 때문에 4년 5개월 만에 종가 49,900원을 기록했습니다. 이게 단발성 이벤트 때문이라면 괜찮겠지만, 앞에서 설명한 것처럼 원인이 있는 하락이었죠. 그래서 쉽게 주가를 회복하기는 어려워 보였습니다. 삼성전자의 주가가 다시 오르기 위해서는 근본적인 원인을 해결해야 하니까요. 삼성이 기술력 우위를 다시 점하고, 재무 구조도 건전해지고, 조직문화도 개선해서 매력적인 기업으로 돌아와야 주가가 다시 올라가는 상황인 겁니다. 그런 원인이 전혀 해결될 기미가 없으니 그 결과가 '4만 전자'였죠. 삼성전자의 시총이 300조 원 밑으로 떨어진 겁니다.

근데 바로 그다음 날, 삼성전자의 주가가 갑자기 반등하기 시작합니다. 장 마감 후에 삼성전자는 10조 원의 자사주 매입을 발표하죠. 시장에는 '자사주 매입' 소식이 외부로 샜다는 말도 있습니다. 삼성이 7년 만의 자사주 매입을 발표하기도 전에 주가가 올랐으니까요. 아무튼 이 호재 덕분에 2024년 11월 18일 삼성전자의 주가는 종가 56,700원까지 회복했습니다. 그럼 삼성전자의 주가는 이 호재를 바탕으로 과연 계속 오를까요?

일단 삼성전자의 근본적인 주가 하락 원인이 해소됐다고 보기는 어렵습니다. 그러니 단발 호재로 판단하는 게 맞습니다. 그렇다면 삼성전자가 그동안 떨어졌던 주가를 얼마나 회복할 수 있을지만 보면 되겠죠. 삼성은 자사주 10조 원을 매입하고 우선 3조 원을 3개월 안에 소각하겠다고 말했습니다. 나머지 7조 원은 1년 안에 천천히 사들이겠다고 발표했죠.

시장은 두 가지 지점을 지적하고 있습니다. 첫째, "누군가 자사주 매입을 미리 알았던 것 같다." 자사주 매입을 공표하기 전에 주가가 엄청나게 올랐으니까요. 둘째, "그럼 7조 원어치는 언제 사서 소각할 거냐?" 삼성에서 명확한 답변을 주지 않으니 이게 정말 10조 원짜리 호재가 맞는지 시장은 의심하는 겁니다.

과거 2017년에도 삼성전자가 자사주 매입을 했던 적이 있습니다. 그때도 주가가 많이 올랐죠. 하지만 삼성전자가 실제로 자사주를 소각한 것은 2018년이었습니다. 그런데 2018년에는 오히려 주가가 떨어졌었죠. 무슨 얘기냐면, 2017년 삼성전자의 주가 상승은 자사주 매입과 소각 발표 때문이 아닐 수 있다는 겁니다. 오히려 전 세계 글로벌 반도체 경기와 더 연관됐을 가능성이 높다는 거죠. 필라델피아 반도체 지수, 경쟁업체의 지수, 삼성의 성과 이런 것들을 종합하면, 2017년의 주가 상승 사례는 자사주 매입보다 결국 반도체 경기와 영업이익이 핵심이었다는 겁니다.

▌▌▌ 삼성 자사주 매입의 진짜 이유, 오너가를 위한 선택

사람들은 이유가 궁금했습니다. "왜 삼성이 이런 호재를 4만 전자가 됐을 때 갑작스럽게 발표했을까?", "진짜 주주를 위한 게 맞을까?" 시장이 그 이유를 분석하다가 한 가지 오너가의 비밀을 발견합니다. 숨겨진 비밀이 뭐냐고요? 이건희 회장의 작고 당시, 이부진, 이서현 등 오너가가 상속세를 내야 했죠. 하지만 현금이 부족하니 본인들이 가진 삼성 관련 주식을 담보로 맡기고 대출한 돈으로 상속세를 냈습니다. 이때 담보를 맡아주는 쪽 입장에서는 당연히 물어보겠죠. "그 주식 얼마짜린가요?" 그때 서로 합의하는 가격이 '담보인정가액 및 담보인정비율'입니다.

시장에서 삼성 오너가에 걸린 여러 주식담보대출 현황을 찾은 겁니다. 2024년 11월 15일 기준 홍라희 여사 9건, 이부진 사장 2건, 이서현 사장은 4건 정도 걸려 있습니다. 삼성전자 주식을 담보로 총 15건의

삼성가의 삼성전자 주식담보대출 현황

성명	주식 등의 수	대출 금액 (억 원)	계약 상대방	계약 체결일	계약 기간
홍라희	4,876,000	1,900	우리은행	2021년 04월 28일	질권해지시까지
	4,705,000	2,000	하나은행	2021년 04월 28일	질권해지시까지
	7,107,000	2,850	한국증권금융	2024년 04월 29일	2022.04.29 ~ 2025.04.29
	4,564,000	1,750	한국투자증권	2024년 10월 22일	2022.04.29 ~ 2025.01.22
	6,588,000	2,200	하나은행	2024년 09월 04일	질권해지시까지
	2,493,000	1,000	한국증권금융	2024년 04월 29일	2024.04.29 ~ 2025.04.29
	3,911,000	1,500	한국투자증권	2024년 10월 22일	2024.04.29 ~ 2025.01.22
	7,041,000	3,000	신한투자증권	2024년 09월 04일	2024.09.04 ~ 2025.03.04
	9,116,809	4,000	하나증권	2024년 09월 10일	2024.09.10 ~ 2025.01.13
이부진	3,253,000	1,000	한국투자증권	2024년 11월 13일	2022.08.19 ~ 2025.02.13
	3,327,418	1,500	미래에셋증권	2024년 09월 19일	2024.09.19 ~ 2024.12.18
이서현	476,303	200	하나증권	2024년 07월 17일	2023.01.30 ~ 2025.01.13
	404,000	130	하나은행	2023년 02월 01일	질권해지시까지
	801,000	258	하나은행	2023년 02월 01일	질권해지시까지
	5,690,000	1,900	하나은행	2023년 04월 20일	질권해지시까지
합계	64,353,530	25,188		-	

※ 2024년 11월 15일 기준   자료 : 금융감독원

주식담보대출이 걸려 있는 거죠. 실제로 삼성전자가 49,900원까지 하락했을 때 담보유지비율에 미달한 건도 다수 발생했습니다. 이런 경우 돈을 빌린 입장에서 추가 담보를 제공하거나 돈으로 메꿔야 하죠. 둘 다 불가능하면 은행이 담보를 팔아버릴 수도 있습니다. 그게 '반대매매'입니다. 삼성 오너가가 담보로 맡긴 주식이 삼성전자의 주가가 하락

하면서 반대매매 위험에 빠진 겁니다.

혹시 이런 상황 때문에 삼성이 '10조 원 자사주 매입'이라는 파격적인 의사 결정을 내린 것이 아니냐는 말이 나오고 있죠. 실제로 홍라희 여사는 삼성전자의 주가가 하락하자 한국증권금융과의 담보 계약을 변경했습니다. 한국증권금융에서 빌린 2,850억 원의 담보 주식을 619만3,000주에서 710만7,000주로 늘렸고, 같은 금융의 1,000억 원 대출 계약은 217만3,000주를 249만3,000주로 확대했습니다.

그래서 이런 측면도 생각할 수 있습니다. 삼성 오너가의 담보가 반대매매 당하지 않는 금액이 대주주가 지켜야 하는 주가 마지노선일 겁니다. 바로 삼성전자의 대주주 하방지지선 윤곽이 드러난 겁니다. 가볍게 살펴보면 홍라희, 이서현, 이부진 각각의 경우가 다르지만요. 홍라희 여사 기준으로는 58,300원대, 이부진 사장은 63,000원대, 이서현 사장은 58,000원대라고 추측할 수 있습니다. 다소의 증감은 있으나, 56,000원에서 57,000원 언저리가 대주주의 하방지지선이라고 말할 수 있는 거죠.

보너스로 한 가지가 더 있습니다. 이번 자사주 매입이 대주주들에게 약간의 보너스가 되기도 합니다. 삼성전자가 시중에 있는 주식을 10조 원어치를 사서, 그중 3조 원어치를 소각하면 대주주가 보유하고 있는 주식의 지분율도 올라갑니다. 대주주 일가의 지분율이 20.08%에서 약 20.25%로 올라가죠. 자사주 매입 후 소각이 일반 주주를 위한 선택이라고 말하기 더 힘든 이유입니다.

ⅢⅢ 급한 불만 끈 삼성, 원인 해결은 미지수

자사주 매입을 위한 돈은 어디서 나온 걸까요? 2024년 3분기 기준 삼성의 유보금은 약 156조 원 정도입니다. 그중 10조 원 정도를 자사주 매입에 쓰고 있는 겁니다. 중요한 것은 그 돈이 쓰이는 목적입니다. 지금 자사주는 개인 돈이 아닌 회삿돈으로 사는 겁니다. 진짜 삼성이 잘되기를 바라는 주주들은 그 10조 원을 자사주가 아니라 기술 투자에 쓰길 바라겠죠. 기술 우위를 되찾아야 삼성이 되살아나니까요. 그동안 뒤처진 기술력 복원을 위한 비용, 세계적인 인재 스카우트 비용 등으로 쓰는 게 삼성의 근본적인 원인을 해결하는 방법입니다. 자사주 매입은 임시방편에 불과하다는 거죠. 한마디로 지금 쓰는 10조 원이 삼성의 미래를 위해서 쓰였다고 보기는 힘들다는 겁니다.

삼성에 근본적인 문제가 없는 상황이었다면 이런 엄청난 규모의 자사주 매입이 굉장한 호재였겠지만요. 주가가 4만 원대를 터치하고 나서 부랴부랴 이런 대처를 하는 건 그저 급한 불을 끄는 조치로 보일 뿐입니다. 그래서 사실 시장의 반응도 약간 냉랭하죠. 저런 대처보다는 삼성을 원래 궤도로 돌려놓는 근본적인 청사진이 필요한 시점이니까요.

홍사훈의 기자 수첩 ①

2024년 10월 17일, 5년 가까이 수사를 끌어온 대통령 부인 김건희 씨의 도이치모터스 주가조작 의혹에 대해 검찰은 무혐의, 불기소 결정을 내렸습니다. 뭐 검찰이 불기소를 결정하면서 여러 가지 웃기는 이유를 대긴 했지만 제가 가장 웃었던 부분은 피의자 김건희 씨가 주식에 대한 지식과 전문성, 경험이 부족한 상태에서 도이치모터스 회장이었던 권오수의 말만 믿고 그냥 시키는 대로 했을 뿐이라는 대목이었습니다.

김건희는 2007년 도이치모터스 주식 유상증자에 참여해 2억 원 상당의 주식을 배정받으면서 처음 도이치모터스 투자에 뛰어듭니다. 약 1년 뒤에는 블록딜 거래로 도이치모터스 주식 8억 원어치를 추가로 인수합니다. 블록딜이란 기관이나 큰손들의 대량매매 방법으로 장중에는 주가에 영향을 미칠 수 있기 때문에 장 시작 전이나 장이 끝난 뒤 장외에서 이뤄지는 거래를 말합니다. 주식에 대한 지식과 전문성, 경험이 부족했다는 김건희 씨가 유상증자를 받고 또 큰손이나 전문 꾼들이나 한다는 블록딜 거래를 했다는 걸 검찰은 몰랐던 걸까요? 아니면 모르고 싶었던 걸까요? 주식 전문투자자 중에서도 블록딜 거래를 해본 사람이 몇이나 있을까 싶습니다.

더구나 김건희 명의의 증권계좌는 6개나 됐습니다. 일반 주식투자자 가운데 증권계좌를 한 개 이상 갖고 있는 사람이 몇 명이나 되겠습니까? 도대체 검찰은 어떤 부분을 보고 김건희 씨가 주식에 대해 아무것도 모른다고 결론을 내린 걸까요? 2011년 1월 11일 주가조작 공범들은 김건희 소유의 도이치모터스 주식 20만 주를 장이 끝난 뒤 블록딜로 내다 팔았습니다. 다음은 검찰이 재판부에 증거로 제출한 당시 주가조작 공범들의 문자메시지 내용입니다.

도이치모터스 주가조작 공범들의 문자메시지

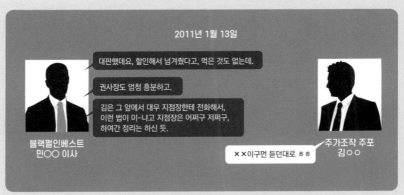

2011년 1월 13일

대판했데요, 할인해서 넘겨줬다고, 먹은 것도 없는데.

권사장도 엄청 흥분하고.

김은 그 앞에서 대우 지점장한테 전화해서, 이런 법이 이-냐고 지점장은 어쩌구 저쩌구, 하여간 정리는 하신 듯.

블랙펄인베스트 민○○ 이사

××이구먼 듣던대로 ㅎㅎ

주가조작 주포 김○○

※ 문자메시지 원문을 그대로 공개하기 위해 오탈자를 수정하지 않았으며, 비속어는 XX로 처리했음.

자료 : 뉴스타파

김건희 씨가 자신의 주식을 싸게 할인해서 넘겨서 대판 했다고, 엄청 흥분한 권오수 회장 앞에서 김건희가 증권사 지점장한테 전화를 걸어 항의했다는 내용입니다. 손해를 봤다면 당연히 화내고 대판 할 수도 있는 일입니다. 그런데 당시 블록딜로 팔아치운 김건희 씨의 도이치모터스 주식 매도 가격은 5,289원이었습니다. 두 달 전 매수 가격은 3,616원, 금액을 따지면 7억4천만 원에 사서 10억8천만 원에 팔았으니 약 3억4천만 원을 벌었습니다. 딱 두 달 만에 말이죠. 수익률로 따지면 46.3%였습니다. 김건희 씨가 주식에 대해 잘 몰랐기 때문에 46%의 수익률에도 대판 했던 걸까요? 원래는 46%보다 훨씬 더 많이 벌었어야 했는데 고작(?) 46%밖에 못 벌었기에 화냈다고 보는 게 맞을 겁니다.

아무리 주식 초고수라 해도 두 달 만에 46%가 넘는 수익을 올리는 것은 가능하지 않습니다. 정상적인 투자였다면 말이죠. 김건희 씨 모녀는 검찰 수사 결과 도이치모터스 주가조작이 일어난 기간 동안 23억 원이란 큰돈을 벌었습니다. 김씨 모녀 외에도 4명이 수십억을 벌었습니다 (이△△ 25억 원, 정○○ 25억 원, 양○○ 11억 원, 김△△ 10억 원). 그런데 정작 이 6명은 큰돈을 벌었는데도 단 한 명도 기소되지 않았습니다. 더 이상한 건 기소되어 재판에 넘겨진 사람들은 결과적으로 모두 큰 손해를 봤다는 겁니

자료 : 홍사훈쓰

다. 권오수 전 도이치모터스 회장을 비롯해 주가조작 컨트롤타워 역할을 했던 블랙펄인베스트 이종호 대표 등 9명 모두 말이죠. 열심히 주가조작을 해서 아무것도 모르고 증권계좌만 빌려줬다는⁽?⁾ 김씨 모녀에게 23억 원을 주고, 다른 사람들에게도 큰돈을 안겨주고, 정작 자신들은 돈도 잃고, 1심~2심 재판까지 모두 실형을 선고받았습니다. 자선사업가라 해도 이렇게 착할 순 없습니다. 김씨 모녀는 그렇다 치고 나머지 4명, 진짜 큰 돈을 번 이들은 왜 기소조차 하지 않은 것인지 앞으로 특검이나 재수사를 통해 반드시 밝혀져야 할 부분입니다.

물론 추정되는 부분은 있습니다. 큰돈을 번 4명은 검찰이 기소하는 순간 치킨집 세트 메뉴처럼 김건희 씨가 자동으로 딸려 나올 수밖에 없습니다. 권력이 아무리 강하다 한들 사실을 이길 수는 없습니다.

2심 재판에서 징역 2년, 집행유예 3년을 선고받은 작전 주포 김 모 씨는 체포되기 전 편지에서 '잡힌 사람들은 구속기소가 될 텐데 내가 가장 우려한 김건희만 빠지고 우리만 달리는 상황이 올 수도 있다'라고 적었습니다. 결과적으로 보면 정확히 그 상황이 됐습니다. 주가조작으로 단 한 방에 상상하지 못할 큰돈을 거머쥘 수 있습니다. 그러나 주가조작이 성공하려면 진짜 아무것도 모르고 따라 들어오는 수많은 일반 개미 투자자들이 반드시 있어야 합니다. 수많은 개미 투자자들의 손실이 바로 주가조작범들의 수익입니다. 주가조작을 저질러도 힘이 있다고 눈감아 주고 관대한 처벌로 감싸준다면 그런 자본시장이 커 나갈 수 있겠습니까? 주가를 올리기 위해 큰손들 세금을 없애달라 할 게 아니고 주가조작범에 대해 발본색원, 일벌백계를 요구하는 게 먼저 아닐까 싶습니다.

2부

자본이 말하지 않는 진짜 한국 부동산시장

윤 정부가 경제와 부동산 정책을 발표하면서 가장 많이 언급한 단어는 '서민'과 '시장'입니다. "서민을 위한, 시장에 기반한…" 하지만 서민을 위한다면서 상속세와 종부세를 낮췄고, 시장에 기반한다면서 대규모 정책대출로 부동산 하락을 떠받쳤습니다. 서민과 시장이 없는 대한민국, 우리와 아이들이 살아갈 미래입니다. 이것이 한국의 진짜 부동산시장을 알아야 하는 이유입니다.

1

부자 감세의 표본,
상속세 개편

· · ·

2024년 7월, 정부가 세제 개편안을 발표했습니다. 그중 가장 눈에 띄는 변화는 상속세 개편입니다. 윤 정부가 25년 만에 상속세를 대폭 완화하기로 한 겁니다. 하나는 상속세 최고 세율을 50%에서 40%로 낮췄습니다. 30억 원 이상의 상속이 이루어질 때 원래는 50% 세율을 적용했는데, 이걸 40%로 낮춘 겁니다. 또 하나는 자녀공제 확대입니다. 기존에는 5,000만 원이었는데 이걸 5억 원으로 늘렸습니다. 이렇게 두 가지가 상속세 개편의 주요 내용입니다.

대기업과 재계는 정부를 향해 쭉 이렇게 얘기해왔죠. "우리나라 상속세가 너무 높다, 전 세계에서 이렇게 높은 나라가 많지 않다." 그런데 사실 상속세 최고 세율이 40%라는 건 오히려 너무 낮아서 이해하기 힘든 수치입니다. 왜냐면 근로소득세의 최고 세율이 45%거든요. 상속세는 사실 내가 노력해서 일구어낸 소득에 부과되는 게 아닙니다. 그냥 물려받은 소득에 부과되는 거죠. 그 세율이 내가 일한 대가로 받는 소득보다 더 낮다는 건 정말 이해할 수가 없는 변화입니다.

이 상속세 개편이 나와는 상관없다고 생각하시는 분들이 정말 많은데요. 그래서 지금처럼 최고 세율이 낮춰질 때, 사람들의 불만이나 반대 여론이 잘 형성되지 않는 거 같습니다. 정부는 이런 상속세 개편안도 서민·중산층의 부담을 줄이기 위한 정책이라고 말했습니다. 그 말이 정말 맞는지 세세하게 살펴보겠습니다.

ⅢＩ 어떤 서민이 30억 원을 상속받나?

요즘 부동산시장에는 이런 말이 돌고 있습니다. "서울에 아파트 가격이 많이 올랐으니, 나중에 상당한 상속세를 내게 될 거다." 실제로 지금 서울 아파트의 평균 매매가격이 12억 원 정도죠. 기본 공제를 제외하면 일부 상속세가 충분히 있을 수 있습니다. 이 범위에 해당하는

상속세 개편 방안

현행		개정안	
과세표준	세율	과세표준	세율
1억 원 이하	10%	2억 원 이하	10%
5억 원 이하	20%	5억 원 이하	20%
10억 원 이하	30%	10억 원 이하	30%
30억 원 이하	40%	10억 원 초과	40%
30억 원 초과	50%		

자료 : 기획재정부

상속세 개편이라면 어느 정도 서민을 위한 상속세 개편으로 생각할 여지도 있겠죠.

근데 실제 거기에 해당하는 범위는 이번에 하나도 바뀌지 않았습니다. 과세 표준이 5억 원, 10억 원, 30억 원 이하인 경우엔 변화가 없다는 겁니다. 실질적인 내용은 그 위인 30억 원 이상만 바뀐 거죠. 그 외는 최저 세율의 범위가 1억 원에서 2억 원까지 늘어난 거뿐입니다.

무슨 얘기냐면요. 정말 서민을 위하는 정책이라면 서울 아파트 가격이 올라서 상속세를 부담하게 된 그 사람들의 상속세를 낮춰야겠죠. 그런데 이번 상속세 개편에는 이런 사람들을 위한 변화가 전혀 없습니다. 상속세 개편으로 혜택을 누리는 것은 상속세가 30억 원 이상인 사람들뿐이죠.

그럼 2023년 기준 우리나라에서 30억 원 이상을 상속받은 사람은

2023년 상속재산 규모별 신고 현황

(단위 : 명)

규모	신고 현황
5억 원 이하	192(1.1%)
5억~10억 원	4,530(24.8%)
10억~20억 원	7,849(42.9%)
20억~30억 원	2,728(14.9%)
30억~50억 원	1,724(9.4%)
50억~100억 원	802(4.4%)
100억~500억 원	428(2.3%)
500억 원 초과	29(0.2%)

자료 : 국세청

얼마나 될까요? 바로 2,983명입니다. 이게 어떻게 서민의 부담을 덜어 주는 정책일까요? 30억 원 이상 자산가가 서민인가요? 지금 정부의 서민 정책은 정말 이해하려고 노력해도 도무지 안 되는 수준입니다. 한마디로 윤 정부에서 서민은 그냥 디폴트로 들어가는 단어인 거죠. 모든 정책이 서민을 위한 정책인 겁니다.

종부세를 내는 사람은 주택 소유자의 2%~3%밖에 안 되죠. 그런데 종부세 폐지를 서민을 위한 정책이라고 말합니다. 심지어 이런 말 같지 않은 논리를 내뱉는데요. "그 사람들 세금을 깎아주면 그 돈으로 고기 한 번이라도 더 사 먹고, 동네에서 돈을 쓰지 않겠냐. 결과적으로 다 서민들을 위한 거다." 서민 정책은 서민을 간접적으로 말고 직접 지원해야 그게 서민 정책인 거죠. 그냥 서민들 위한다면, 서민의 세금을 깎아주면 되는 겁니다. 부자들 세금을 깎아서 간접적으로 "이게 다 서민들한테 돌아가는 거야!"라고 말할 이유가 전혀 없죠.

지금 이런 상속세 개편을 내놓은 사람들, 진짜 의심해야 합니다. 본인들이 다 과세 대상일 가능성이 높거든요. 지금 본인 세금을 낮추는데, 대외적으로는 말할 수 없으니, 서민을 들먹이는 걸지도 모릅니다.

세금을 내기 싫은 건 이해합니다. 세금을 좋아하는 사람은 아무도 없죠. 하지만 세금이 필요하잖아요. 그러니까 정부는 고민해야 하는 겁니다. 모두 싫어하는 이 세금을, 누가 어떻게 내게 할 것인가? 또 형평 과세와 공평 과세는 어떻게 추구할 것인가?

이때 두 가지가 중요한데요. 첫째, 세금을 내는 사람이 있으면 혜택을 받는 사람이 있겠죠. 이때 세금을 내는 사람보다 혜택을 받는 사람이 많으면 좋은 세금이라고 볼 수 있습니다. 둘째, 그 세금 정책에 부가적인 효과가 무엇인지를 고민해야 합니다. 예를 들어 미국 조지아주에는 고용 세금 공제가 있습니다. 외국 기업이 들어와도 법인세를 거의 안 내죠. 대신 조건이 있습니다. 바로 조지아주의 일자리를 늘려야 하는 겁니다. 이런 세금은 명확한 목적이 있죠. 이처럼 과세는 뚜렷한 원칙과 목적이 있어야 합니다.

그런데 현 정부의 상속세 개편안은 합리적인 원칙과 목적이 보이지 않습니다. 세금 혜택이 다수를 향하지도 않았고요. 세금 정책으로 기대되는 부가적인 효과마저 없습니다. 자산가의 상속세를 감면한다고, 내수 진작이 되겠습니까? 세수도 부족한 상황인데 이런 상속세 개편안을 발표한 이유를 모르겠습니다.

▌▌▌ 5억 원까지 가능한, 자녀 인적공제

이번 상속세 개편으로 자녀의 인적공제가 5,000만 원에서 5억 원으로 늘어났습니다. 이 개편안은 그래도 현실적입니다. 상속받는 집값이 10억~15억 원인 사람은 분명 도움 되겠죠. 그런데 이런 생각도 해야 합니다. 우리나라에서 10억~15억 원짜리 아파트를 가진 사람은 사실상 서울에 집이 있는 사람을 말하는 겁니다. 감세 혜택이 서울에만 집중된다는 것이죠.

그리고 또 하나 굉장히 심각한 문제가 있습니다. 계속 얘기가 나오는 서울의 아파트 평균 매매가격에는 사실 함정이 있습니다. 강남 중심의 고가 아파트는 40억, 50억, 100억 원에 거래되는데요. 이런 고가 아파트가 포함된 '평균 매매가격'이라는 것은 실제 서울의 아파트 가격과 어느 정도 차이가 있죠. 사실 서울에도 5억 원 미만인 아파트가 정말 많습니다. 그래서 단순하게 정부나 언론의 말처럼 "서울 아파트 평균 가격이 12억 원이 됐습니다. 그래서 상속세를 개편하면 서민이 혜택을 봅니다."라고 이해하면 안 된다는 거죠.

ⅲ 500만 명이 몰린 로또 청약

2024년 7월 29일이 무슨 날인지 아십니까? 바로 국민 청약의 날이었죠. 청약홈에 무려 500만 명이 '로또 청약'을 바라는 대한민국이 됐습니다. 이런 나라에 무슨 희망이 있겠습니까? 지금 정부 정책은 사람들의 인생 목표를 자산 형성과 상속으로 만들고 있습니다. 우리가 땀 흘리며 일해서 번 소득이, 점점 가치를 잃고 존중받지 못하는 겁니다. 상속세 개편안을 보면 누가 봐도 불로소득을 조장하는 사회가 만들어지고 있죠.

우리나라가 상속세율을 다른 나라에 비해 높게 책정한 이유가 있습니다. 그나마 상속세가 부의 재분배 역할을 하고 있던 겁니다. 지금도 부가 대물림되는 상황에서 이 이상 상속세를 감면한다는 것은 말이죠, 한 번 금수저를 영원한 금수저로 만들어주겠다는 말밖에 안 되는 겁니다. 혁신이 사회의 활력이라고 할 수 있는데요. 혁신은 사회적 격차, 경제적 불평등을 줄여야 나올 수 있습니다. 이게 해결 안 되면, 나올 수 있던 혁신마저도 불가능해집니다.

상속세가 왜 만들어졌을까요? 1950년대 처음으로 우리나라에 상속세가 도입되었을 때는 세율이 90%였습니다. 물론 그땐 정말 과했죠. 다만 헌법이 처음 만들어지고, 우리나라가 처음 세워질 때, 국민 사이에서 이런 사회적 합의가 있었던 겁니다. "아, 그래. 물려받은 돈은 세금을 내야지. 내가 직접 일해서 돈을 벌어야지." 박정희 정권 때도 상속세율이 75%였습니다. 그때도 탈세하는 사람은 많았겠지만 어쨌든 그런 사회적 합의가 있었다는 겁니다.

또 대부분 자산이 온전히 내 노력만으로 번 경우는 거의 없습니다. 정부의 개발이나 특정 단체의 로비로 이득을 봤을 수도 있는 거고요. 그렇다고 이런 모든 부분에 전부 책임을 묻기도 어렵습니다. 상속세는 이런 현실적인 상황에 절충안으로서 있었던 거죠. "너까지만 잘살고, 후대까지 물려주지는 마."

만약 세금으로 내기 싫다면? 그럼 죽기 전에 다 쓰라는 겁니다. 후대에 괜히 물려주지 말고요. 그래야 경제도 좋아지겠죠. 사실 이게 심각한 문제입니다. 지금처럼 상속세가 낮아지면 사람들이 더 아끼려고 하겠죠. 앞으로 65세 이상이 점점 많아지지 않습니까?

65세 이상은 평균 자산이 5억 원이 넘고, 가장 자산이 많은 세대입니다. 그중에서도 부동산 비중이 가장 높습니다. 저 부동산 자산을 유동화해서 소비가 늘어야 우리나라 내수가 좋아질 수 있죠. 그런데 이

2023년 가구주 연령별 부동산 비중과 부채비율

(단위 : 만 원)

항목	전체	29세 이하	30세~39세	40세~49세	50세~59세	60세 이상	65세 이상
자산	52,727	14,662	38,617	56,122	60,452	54,836	50,714
부동산	37,677	4,664	20,611	37,628	42,200	42,544	40,736
부동산 비중	71%	32%	53%	67%	70%	78%	80%
부동산 담보대출	4,382	1,047	4,918	6,097	5,409	3,001	2,327
부동산 부채비율	12%	22%	24%	16%	13%	7%	6%
순부동산 자산	33,295	3,617	15,693	31,531	36,791	39,553	38,409
순부동산 비중	76%	36%	57%	72%	74%	81%	84%

※ 순부동산 비중: 순자산에서 부채를 뺀 부동산 자산이 차지하는 비중   자료 : 광수네 복덕방

렇게 상속세를 감면해주면 소비도 줄고 국가 경제 상황도 더 안 좋아 지겠죠.

2

데자뷰 2009년, 집값의 핵심: 매도 물량

.
.
.

2024년 부동산시장은 2009년이랑 상당히 유사합니다. 지금처럼 집값이 폭등하고, 거래량이 증가하고, 전세 끼고 집을 사라, 대출을 일으켜서 집을 사라, 집값은 이제 폭등한다 등 조급함을 부추기는 뉴스들이 많이 나왔었죠.

그런데 그게 7개월을 넘지 못했고, 2009년부터 2012년까지 무려 3년 동안 집값이 빠졌습니다. 2024년 부동산시장을 살펴보면요. 서울, 수도권은 집값이 오르고 있는데, 지방은 오히려 떨어지는 추세입니다. 서울, 수도권 집값이 이렇게 불붙는 이유는 앞으로 주택 공급이 줄어든다는 말 때문이죠.

ⅲ 주택 공급이 줄면 집값이 올라갈까?

지금 주택 공급이 줄긴 했습니다. 예를 들어 2024년 1분기에 주택 인허가 물량이 지난해보다 20% 이상 감소했죠. 그렇게 되면 착공, 입주 물량도 분명 줄어들긴 할 겁니다. 일반적인 재화라면 공급 감소가 당연히 가격 상승으로 이어집니다. 그런데 이 얘기는 2009년 부동산시장에도 나왔었습니다.

지금 주택 공급이 부족한 이유는 건설사들이 부동산 PF에 꼼짝없이 물려 있기 때문입니다. 한마디로 망하는 중인 거죠. 이런 상황에서 어떻게 주택 공급을 늘리겠어요? 2008년~2009년에 우리나라의 미분양 아파트가 16만 호를 넘었었습니다. 아파트가 안 팔리는데 당연히 공급이 늘 수가 없겠죠. 그러다 보니 인허가가 줄고, 착공이 줄고, 당연히 2년~3년 뒤에 집값이 폭등할 거란 얘기가 나왔던 겁니다.

두 가지 문제를 지적하고 싶은데요. 첫째, 지금의 주택 물량이 감소한다는 건 전년 대비라는 겁니다. 그러니까 이런 생각을 해볼 필요가 있죠. 그동안 주택 공급이 너무 많았던 거 아닐까? 왜냐면 집값이 급등할 때도 주택 공급은 사실 엄청 많았거든요. 이 사실을 알면 하나 더 의문이 생기는 겁니다. 건설사들이 집을 많이 지으면 집값이 떨어질까? 반대로 건설사들이 집을 안 지으면 집값이 오를까? 핵심은 건설사들이 짓는 아파트의 양이 현재 집값을 결정하냐고 묻는 겁니다.

말하고 싶은 건 이겁니다. 시장의 집값을 결정하는 공급은 건설사들이 짓는 아파트의 양이 아닙니다. 2009년에 집값이 빠진 진짜 이유는 바로 매도 물량이 쏟아졌기 때문인 거죠.

⊪ 폭락의 징조, 매도 물량 증가

매도 물량은 '집을 보유한 사람들이 시장에 내놓는 매물의 양'을 말합니다. 건설사의 아파트 공급 수가 아니라 매도 물량이 집값을 결정했다는 겁니다. 앞으로 건설사가 짓는 주택 공급이 줄어도, 매도 물량이 늘어나면 집값은 당연히 빠질 수 있죠. 이 둘 중에서 단기적으로 집값을 결정하는 것은 매도 물량이다, 이걸 반드시 기억해야 합니다.

건설사가 아파트를 공급하는 건 근본적인 한계가 있습니다. 예를 들어 집이 갑자기 늘어날 수 있는 것도 아니고, 갑자기 없어지는 것도 아니잖아요. 그런 측면에서 물리적인 공급, 즉 건설사가 짓는 아파트의 양이 집값을 결정하는 공급은 아니라고 확신할 수 있습니다. 예를 들어 2023년에 집값이 떨어질 때, 건설사의 공급이 폭증해서 집값이 빠진 게 아닌 것처럼요.

시장을 분석할 때 '집값이 오르는' 현상을 조사하다 보면 정말 수백 가지 이유가 나옵니다. 집값이 오르면 '집값이 상승하는 열 가지 이유'가 금세 나오고, 집값이 떨어지면 '집값이 떨어지는 열 가지 이유'가 또 금세 나옵니다. 여기서 잘못된 정보나, 항상 바뀌는 원인 때문에 상황을 잘못 판단하면 절대 안 됩니다.

2022년 기준 우리나라 전체 아파트 수량이 1,000만 호가 넘습니다.

그중 44%가 투자 목적으로 아파트를 가지고 있죠. 자신이 직접 살지는 않고, 세입자에게 전월세를 준 상황인 겁니다. 내가 내 집에 거주하고 있으면 매도 물량의 변화가 크지 않습니다. 하지만 투자 목적으로 집을 보유하면 당연히 부동산을 사고파는 변동 폭이 커집니다.

2024년 하반기에 갑자기 오르는 집값들이, 지금 서울만 오르는 거잖아요? 지방은 계속 내려가고 있고요. 그 이유가 지금 시장을 움직이는 건 실수요자들이기 때문입니다. 실수요자들이 수도권에 가장 많으니까요. 투자가 많을 때는 보통 서울보다 지방의 부동산 가격이 더 많이 오릅니다. 왜냐하면 적은 돈으로도 투자할 수 있고 변동성이 크니까요. 그래서 항상 지방은 투자 수요가 붙어야 가격이 오릅니다. 서울은 워낙 비싸니까 투자하기 부담스럽죠. 진짜 부동산 상승장은 지방의 싼 집에 투기꾼들이 붙었을 때라고 볼 수 있습니다.

||| 수도권 집값의 핵심: 유효수요

실수요자가 부동산시장을 움직일 때는 수도권만 움직입니다. 그만큼 수도권에 실수요자가 많은 겁니다. 그럼 집값도 당연히 계속 올라갈 거라고 생각할 수 있죠. 수요가 충분하니까요. 그런데 무한정 올라가지 않는 이유는 사실 당연합니다. 바로 수도권 주택 가격이 너무 비싸다는 겁니다. 수도권에 집을 '사고 싶은 사람'은 분명 많죠. 그런데 '살 수 있는 사람'은 적습니다. 집값이 계속 올라가면 유효수요, 살 수 있는 사람 수가 줄어듭니다.

"강남 집값은 안 떨어져. 왜냐하면 모두 다 살고 싶어 하잖아." 맞는 말 같지만 틀린 말입니다. 모두 다 살고 싶더라도, 살 수 있는 사람이 없으면 떨어지는 겁니다. 2009년에 실제로 다 같이 경험했죠. 즉, 유효수요 관점에서 보면 집값이 무한정 오르는 건 불가능하다는 겁니다.

서울 부동산은 자가점유율이 가장 낮습니다. 많은 사람이 서울 부동산을 투자 목적으로 보유하고 있다고 앞에서 말했죠. 그만큼 부동산 매도 물량이 가장 많은 것도 서울입니다. 그래서 집값이 떨어질 때 매도 물량이 가장 많이 증가하는 곳도 서울인 거죠. 그 말은 서울의 집값이 어느 순간에 도달하면 쏟아지는 매도 물량으로 서울의 집값 하락폭이 훨씬 더 커질 수 있다는 말입니다.

2023년에 어느 지역의 집값이 가장 많이 내려갔을까요? 바로 강남이 제일 많이 빠졌습니다. 집값 30%가 빠지면 20억 원짜리가 6억~7억 원씩 빠지죠. 수요는 없는데 파는 사람이 늘어나면 이렇습니다. 그래서 오히려 집값이 떨어질 때 다른 지역보다 서울이 더 많이 떨어질 수 있는 겁니다. 실제로 2012년에도 그랬죠. 서울 아파트가 6.65% 하락할 때, 강남구는 12.09% 하락한 겁니다. "비싼 아파트가 더 많이 빠진다."는 뉴스가 이래서 나왔던 거죠.

지금 집값이 오른다고 무리하게 대출을 받아서 집을 사면 후회할 가능성이 큽니다. 우리가 불과 2021년~2024년 사이에 이런 변화를 겪었는데, 벌써 그 변화를 잊은 거 같습니다. 플랫폼에 보도되는 기사를 보면 지금 당장 집을 사야만 할 것 같은 불안감이 엄습합니다. 이런 불안감은 특히 무주택자에게 더 심하게 찾아오죠. 다주택자가 집을 한 채 더 사고, 미분양 아파트를 사고, 부동산 PF를 떠안으면 얼마나 좋겠습니까. 그럼 우리나라 부동산 문제도 해결될 겁니다. 하지만 지금 돈 있는 사람들은 집을 사지 않죠. 오히려 파는 중입니다.

더 화나는 건, 정부의 태도입니다. 부동산 PF 해결을 민간에 떠밀고 있으니까요. 해결이 안 되니까 대출을 조장하고, 겁나면 다시 엎어버리는 식으로, 정책에 일관성이 없죠. 경제는 한 번 틀어지면 다시 돌아가는 데 정말 긴 시간이 걸립니다. 그 과정에서 겪는 고통도 크고요. 정말 돌이킬 수 없는 위기가 찾아오기 전에 하루빨리 정부가 제대로 된 정책을 내야 합니다.

3

치솟는 분양가:
민간택지 분양가상한제 폐지

•
•
•

500만 명이 청약을 넣는 시대입니다. 아파트 분양가 얘기를 해보려고 하는데요. 2024년에 아파트 분양가가 나날이 치솟는 이유가 있습니다. 흔히 말하는 철근 가격, 시멘트 가격, 인건비 인상 때문이 아닙니다. 실제로 최근 건설 노동자들의 임금은 오르지 않고 있죠. 시멘트와 철근 값도 많이 내려갔습니다. 그런데 분양가는 왜 계속 오르고 있을까요? 그 이유는 2023년에 민간택지 분양가상한제가 폐지되었기 때문입니다.

공공택지 분양가상한제는 여전히 남아있지만, 우리나라 민간 공급의 대부분은 민간택지에서 진행되죠. 그래서 강남 3구나 용산처럼 분양가상한제가 남아있는 곳 말고 그 외의 지역에서 아파트 분양가가 계속 오르고 있는 겁니다. 규제가 없으니 가격을 올리지 않을 이유가 없습니다.

예를 들어 일부 지역에서 미분양이 나더라도 할인 분양이 더 쉬워지겠죠. 처음부터 평당 1,000만 원으로 분양가를 설정하고요. 미분양이 났을 때 20% 할인해주고 800만 원에 넘기는 겁니다. 원래 분양하려던 가격이 800만 원이라면 분양하는 입장에선 손해 볼 게 없겠죠. 지금 그런 상황이 실제로 일어나고 있습니다. 2023년에 분양가상한제를 왜 폐지했냐면요. "분양가상한제가 적용되면 민간 공급이 불가능하다."라는 이유 때문이었는데요. 이건 사실 완전히 틀린 말입니다.

건설 산업은 제조업이 아니다

일반적인 상품이라면 가격상한제가 있을 때 공급이 줄어들 수 있다는 논리가 맞습니다. 근데 이건 전반적인 건설 생태계나 한국의 건설 산업을 몰라서 하는 말입니다. 전 세계가 마찬가진데요. 건설 산업은 제조업이 아닙니다. 주문이 먼저고 사실상 투자가 거의 필요 없는 구조죠. 그렇기 때문에 영업을 잘하고 땅만 잘 사면, 분양가에 아무리 규제가 있어도, 건설사가 돈을 버는 구조입니다. 불확실성이 적다는 거죠. 산업 특성상 아무리 규제가 있어도 공급하려는 기업은 도처에 널려 있을 수밖에 없습니다. 지금 하려는 기업이 아니더라도 누군가는 새로 나온다는 말입니다. 민간 공급이 불가능하다는 우려는 할 필요가 전혀 없다는 거죠.

분양가상한제는 2023년에 폐지됐는데요. 건설사들은 이 상황에

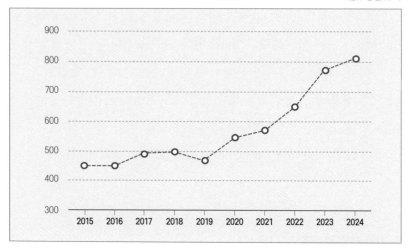

재건축, 재개발 공사비 변화

(단위 : 만 원/3.3m²)

900
800
700
600
500
400
300

2015 2016 2017 2018 2019 2020 2021 2022 2023 2024

자료 : 한국경제, 광수네 복덕방

편승해서 어떻게든 이때 돈을 벌려고 하고 있죠. 재건축, 재개발 공사비 변화를 보면 2023년부터 정말 가파르게 오릅니다. 원자재비도 물론 올랐겠지만 저 정도로 가파르게 공사비가 올라가는 이유는 분양가상한제가 폐지됐기 때문입니다.

또 정부에서는 건설 관련 규제를 엄청나게 완화해주죠. 그렇게 재건축, 재개발 물량이 많아지니까 건설사가 작업하다가 뒤로 드러눕는 겁니다. "아이고, 그렇게는 공사 못 해요. 평당 800만 원, 900만 원, 아니 1,000만 원 주세요." 이유를 물으면 원자재비, 러시아·우크라이나 전쟁을 운운하면서 평당 공사비를 올리는 겁니다. 실제 사례로 건설사들이 돈을 얼마나 버는지 보겠습니다. 다음은 서울주택도시공사가 2020년 마곡에서 분양한 아파트의 이익 구조를 공개한 겁니다.

마곡엠밸리 9단지, 아파트 평당, 원가와 이익 구조

구분	분야	공종	원/평(3.3㎡)	비중
분양매출	합계		19,268,893	
분양원	택지조성원가	용지비	2,731,947	21%
		조성비	753,793	6%
		기반시설설치비	766,154	6%
		자본비용	623,815	5%
		기타	118,729	1%
		소계	4,994,438	39%
	건설원가	도급공사	5,881,917	46%
		자재비	744,553	6%
		직접공사비	623,049	4%
		기타	666,201	5%
		소계	7,915,720	61%
	합계		12,910,158	100%
분양이익	합계		6,358,735	분양수익률 33%

자료 : 서울주택도시공사, 광수네복덕방

공기업이 진행하는데도 분양수익률이 33%입니다. 철근, 시멘트 같은 자재비는 6%밖에 들지 않죠. 원자재비 인상으로는 치솟는 공사비를 설명할 수 없습니다. 하물며 공기업이 아니라 민간 건설사가 분양하는 경우엔 그 수익률이 더 높을 겁니다. 이처럼 수익률을 극대화하려는 건설사 때문에 분양가가 오르고 있는 겁니다. 이런 분양가는 언제든 떨어질 수 있습니다. 예를 들어 다시 분양가상한제가 도입될 수도 있고요. 건설사들이 가격을 지나치게 올려서 수주 물량이 줄어들면 분양가도 줄어들겠죠.

분양가상한제가 특정 개인 '수분양자'에게 (즉, 분양받는 특정 개인에게) 특혜를 몰아주는 불합리성이 있죠. 그래서 공공택지 분양가상한제 역시 없애려고 준비 중입니다. 국토부에서 용역을 발주하고 작업에 착수 중이죠. 만약 공공택지에서 지어지는 아파트마저도 분양가상한제가 없어지면 아파트 분양가는 계속 올라갈 수밖에 없는 구조가 됩니다. '로또 청약'이 문제라면 공공택지의 분양가상한제를 없앨 것이 아니라 다른 식의 정책을 생각해야 합니다.

예를 들어 이익의 공유화가 있는데요. 분양가상한제를 철저하게 적용했을 때 발생하는 이익, 그 이익을 한 명에게 몰아주는 게 아니라 다수에게 공유하는 겁니다. 조금만 생각해도 다수에게 이익을 공유하는 방식이 분명히 있는데, 왜 그걸 하지 않을까요? 이건 의도가 무조건 있는 겁니다. 이 과정에서 가장 많은 이득을 보는 건 누구냐? 바로 '건설사와 금융기관'입니다. 이 공고한 카르텔이 부동산시장을 좀먹고 있습니다. 이걸 깨려면, 부동산시장의 현실을 우선 많이 알려야 합니다

4

서민을 위한 법은 없다: 종부세 완화, 재초환 폐지

.
.
.

정부가 법을 마음대로 할 수는 없습니다. 결국은 국회가 동의해야 법을 건드릴 수 있죠. 그래서 국회가 중요합니다. 2024년 7월 이재명 대표가 "먹고사는 문제"를 얘기하면서 갑자기 종부세 얘기를 꺼냈죠. 이미 너덜너덜해진 종부세를 더 완화하겠다고 말한 겁니다. 사실 '먹고사는 문제'와 '종부세 완화'가 무슨 연관인지는 잘 이해가 안 됩니다.

ⅢⅠ 종부세 완화를 왜 민주당이 말해?

민주당이 종부세를 계속해서 얘기하는 이유는 중도층과 중산층이 종부세를 내고 있다고 생각하기 때문으로 보입니다. 2023년 통계를 보면, 1가구 1주택자 중 종부세를 내는 수가 11만1,000명이죠. 그 사람들

평균 종부세가 82만 원입니다. 1년에 82만 원 내면서 종부세 때문에 죽을 것 같다는 사람이 있으면 당연히 구제해야죠. 근데 종부세를 내는 사람은 공시지가 12억 원 이상의 자가를 가진 사람입니다. 공시지가 12억 원이라면 실거래가는 17억~20억 원 정도 될 수 있죠.

그런 사람이 한 달에 7만 원 내는 거로 "종부세 때문에 밥도 못 먹겠다!"라고 말하겠어요? 은퇴 후 소득이 없는 1주택자라도 연기나 감면 등 방법이 많습니다. 특히 고령 세대는 감면액이 크고, 실제 부담도 적죠.

지금 민주당이 종부세 완화를 말하는 건 중도층의 표를 의식한 발언 같습니다. 뭔가 종부세를 바꾸면서 민주당이 지금 변하고 있다는 모습을 보여주고 싶은 것 같아요. "우리는 한쪽으로 치우쳐 있지 않아, 변화하고 있어." 이런 상징적인 모습을 보여주려는 거죠.

그런데 그런 모습은, 제발 다른 거로 보여줘야죠. 종부세 말고요. 민주당이 지금까지 부동산 문제로 정말 많은 어려움을 겪었잖아요. 참여정부, 문재인 정부 때도 많은 일이 있었고요. 그래서 부동산 문제를 터부시하는 경향이 있습니다. 부동산 얘기하는 걸 어려워하죠.

그런데 우리나라의 가장 큰 문제는 부동산 아니겠습니까? 개혁의 주체가 되려면 부동산 문제를 얘기해야 하는데, 제대로 얘기하는 사람이 별로 없어요. 예를 들어 22대 국회를 잘 보면, 검찰 개혁을 외치는 분들은 정말 많죠. 그런데 제대로 된 부동산 개혁을 외치는 사람은 없습니다. 가장 중요한 문제를 외면하고 있는 겁니다.

부동산 문제를 해결하지 않으면 앞으로 우리나라의 어떤 발전도 힘들다고 봅니다. 계속 이렇게 대출받아서 가계부채만 늘고, 집을 투자용으로 사고팔고, 서로 집값만 보는 나라에서 무슨 경제 발전을 기대하겠습니까? 회식할 때마다 "너 어디 살아? 언제 샀어? 몇억 올랐어?" 이런 얘기만 하는 나라에서 무슨 희망을 찾겠냐고요.

ⅢⅠ 4,951명, 0.01%를 위한 종부세 완화

부동산 개혁이 우리나라의 핵심 과제인데, 그 개혁 의지가 정치권에서 전혀 보이지 않습니다. 민주당도 할 일이 얼마나 많은데 왜 종부세 완화 이야기를 꺼내는지 이해하기 힘들고요. 종부세를 없애자는 말이 나온다면, 누가 혜택을 보겠습니까? 종부세를 내는 사람이 혜택을 보겠죠. 하지만 전체 종부세 중 70%를 그중 상위 1% 국민, 정확히 4,951명이 납부하고 있어요. 고작 4,951명이 종부세 총액의 70%를 내고 있다는 겁니다. 그런데 그 사람들을 민주당이 도와주겠다는 건가요?

종부세가 완화되면 집값에는 어떤 영향을 미칠까요? 이런 법이나 규제가 완화되면 사람들이 더 기대하죠. "다른 규제도 없어지겠네?" 이런 기대 때문에 실수요가 증가하고, 투자 수요도 증가하면서 시장에 변화가 있을 수 있죠. 그래서 경제와 관련된 정책은 사실 신중해야 합니다.

종부세는 2005년도에 도입됐는데, 그동안 19번이나 개정됐죠. 얼마나 많이 손을 봤습니까? 이미 너덜너덜한 겁니다. 하지만 종부세에는 큰 의미가 있죠. 왜냐하면 우리나라에서 처음으로 도입한 재산액 관련 의미 있는 과세, 즉 불로소득이라는 자산에 관해서 의미 있게 과세를 특정한 유일한 세제거든요.

우리 사회에서 노동으로 얻는 소득을 더 중요하게 생각하고, 너무 투기해서 돈을 벌려고 하지 말라는 상징이 있는 겁니다. 이게 참여정부에서 엄청난 노력을 통해 도입한 것이고, 노무현 대통령이 온 힘을 다해서 만든 거 아닙니까? 이런 상징체계를 민주당이 스스로 훼손하는 건 큰 문제라고 봅니다.

그래서 종부세 체계를 만들었던 이정우 당시 노무현 정부의 정책실장이 말했잖아요, "정말 억장이 무너진다." 정말 좋은 정책이라면 국민의힘이 하더라도 박수를 쳐야 하는 거고, 민주당이 나쁜 정책을 추진하는 것 같으면 당연히 따끔하게 지적하고 무엇이 문제인지 말해줘야 합니다.

ⅢⅠ 재건축초과이익환수제, 무조건 사수

민주당이 종부세를 완화하자고 말하고 있으니 여당에서 재건축초과이익환수제(재초환) 폐지 얘기도 나오고 있죠. 재건축 때 조합원이 손해를 보면 내지 않고, 너무 많은 이익을 보면 부과하는 세금이 바로 '재초환'입니다.

재건축 초과이익 부담금 부과 기준

초과이익(억 원)	부과율(%)
0.8	면제
0.8~1.3	10%
1.3~1.8	20%
1.8~2.3	30%
2.3~2.8	40%
2.8 초과	50%

※ 조합원 1인당 평균 이익 기준   자료 : 국토교통부

재초환은 재건축 때 불로소득이 넘쳐나면 주변 집값까지 끌어올리니, 이를 억제하기 위해 만들어진 거죠. 과한 불로소득을 규제하려는 취지로 만들어졌고, 여러 차례 헌법재판소에서 합헌 판정을 받았습니다. 이게 있어야 사회가 유지될 수 있다는 판결이 나왔던 겁니다.

여당은 재초환을 폐지하려는 이유를 이렇게 설명합니다. "재초환 때문에 재건축이 안 되고, 재건축이 안 되면 주택 공급이 부족해지고, 주택 공급이 부족하면 집값이 올라서 서민이 피해를 본다." 그럼 재건축이 활성화돼서 아파트가 늘어나면 집값이 안정된다는 건가요? 2023년~2024년 때 마포에서 재건축이 정말 활발했죠. 고급 아파트가 엄청 생겼습니다. 그런데 그때 마포의 집값이 떨어졌습니까?

또 재건축 조합에게 "재건축하면 집값이 안정될 거다."라고 말하면 재건축을 하겠습니까? 재건축은 다 돈 벌려고 하는 거죠. 그러니 재건축을 하게 되면 집값이 오를 수밖에 없다는 겁니다. 그런데 지금

재초환 폐지를 옹호하는 사람들은 이런 이상한 논리를 가지고 있단 겁니다. "재건축을 하면 공급이 늘어나서 집값이 안정될 거야." 정말 말도 안 되는 논리죠.

그리고 만약 강남에서 재건축을 하면 분양가가 15억~20억 원 정도 됩니다. 우리나라에서 지금 부족한 주택이 20억 원짜리 집인가요? 청년, 신혼부부, 그리고 무주택자가 살 수 있는 집이 부족한 거지, 20억~30억 원짜리 집이 부족한 게 아니잖아요.

그런데 지금은 20억 원짜리 아파트를 분양해야 재건축을 할 수 있는 구조입니다. 그러니까 재건축 활성화가 근본적인 문제 해결 방안이 아니라는 거죠. 차라리 솔직하게 고백했으면 좋겠습니다. "재건축 규제를 완화해주면 1기 신도시에서 표를 많이 얻을 것 같다." 왜 자꾸 경제 논리를 들먹이고, 공급이니 뭐니 하는 오류투성이의 논리를 펴냐는 거죠.

재초환 폐지 법안을 제일 먼저 발의한 게 1기 신도시 분당의 국민의힘 김은혜 의원이지 않습니까. 명확하게 정치적 의도가 보이는 법안 발의인 거죠. 이런 정치적 의도가 동네에서 해결되면 좋습니다. 근데 그 지역을 위해서 이런 걸 풀어줬다가 생기는 문제들이 정말 많잖아요. 가장 먼저 전반적인 집값이 상승할 수도 있고요.

또 재건축을 하면 사회적 비용이 들어가지 않습니까. 예를 들어 용적률을 올려주면 사회적 인프라가 들어가야 하죠. 그만큼 공공 자산이 들어가는 겁니다. 그런 비용 때문에 재초환이 있는 거죠. 이득을 보면 최소한 그거라도 내라는 말입니다. 특정 지역의 10만 가구를 위해서 재초환을 폐지하면, 나머지 지역은 어떻게 하려고 그러는 겁니까? 이런 답답한 상황을 보고 있으면 근본적인 한국 부동산 개혁이 절실해 보입니다.

5

수도권 집값 폭등,
8·8 부동산 대책

·
·
·

    윤 정부에서 항상 내세운 게 있었죠. "집값이 안정되고 있다." 천정부지로 치솟던 집값을 자신들이 떨어뜨렸다는 말입니다. 그런데 2024년 하반기, 내렸던 집값이 오르기 시작했죠. 그러자 윤 정부가 허둥지둥 정책을 발표했는데요. 그게 8·8 부동산 대책입니다. 주요 내용은 서울에 주택 공급을 늘려서 집값을 안정시키겠다는 정책이죠.

    좀 더 구체적으로 살펴보면 다음과 같습니다. 첫째, 그린벨트를 풀어서 공급을 늘리겠다. 둘째, 재건축·재개발을 활성화해서 신규 주택을 공급하겠다. 이렇게 두 가지가 핵심 내용입니다.

ⅲ 그린벨트 개발, 큰손들의 잔치

그린벨트 개발은 처음이 아닙니다. 사실 이명박 정부 때, 2009년부터 2012년까지 서초구, 강남구, 강동구를 포함해 경기도 일대 54㎢ 정도의 그린벨트를 풀어서 보금자리주택으로 대충 3만 가구 정도 공급했었습니다. 이번 정부에서도 똑같이 해보겠다는 거죠.

일단 정부가 얘기하고 있는 집값의 상승 원인을 볼까요. 주요 지역에 아파트가 부족하기 때문이라는 겁니다. 그래서 서울에 집값이 오르고 있는데, 막상 보니까 서울에 아파트를 지을 땅이 없잖아요. 그러니 그린벨트를 풀어서 공급을 늘리자는 거죠.

여기서 두 가지를 묻고 싶습니다. 먼저 "그린벨트를 풀어서 아파트를 짓는다고 과연 집값이 안정되느냐?" 하는 부분이고요. 또 그린벨트라는 건 결국 미래 세대를 위해 땅을 남겨둔 거 아닙니까? 그런데 그 땅에 아파트를 짓고 부동산 가격을 안정시키려면 그린벨트에 지은 아파트를 싼 가격에 분양해야 하는데요. "그 이익이 사유화되는 문제는 과연 어떻게 해결할 것인가?" 이 질문들에 답해야 합니다.

이명박 정부 때도 강남의 그린벨트를 풀어서 아파트를 지었습니다. 그런데 그때는 입지 자체가 너무 좋아서 분양받으면 로또인 상황이었죠. 그럼 사람들의 목적이 불로소득, 시세 차익이 되잖아요? 그걸 막자는 취지에서 최대한 시세 차익이 발생하지 않는 방법으로 주택을 공급했었습니다. 바로 보금자리주택이죠. 또 토지임대부주택, 환매조건부주택도 처음 보급됐고요.

이명박 정부 때 그린벨트를 해제하고 3만 가구를 보급했었는데요. 원래는 전국에 보금자리주택 30만 가구를 보급할 계획이었습니다. 근데 결국 하지 못했죠. 왜냐면 건설사에서 정말 온갖 난리를 부렸거든요. 전국에 시세 차익이 발생하지 않는 집을 30만 채나 공급하면, 건설사들은 전부 문을 닫아야 한다고 주장한 거죠. 그래서 3만 가구밖에 짓지 못했던 겁니다. 분명 이번에도 건설사 입장은 마찬가지일 겁니다. 민간에게 맡기면 시세 차익이 목적인 그런 아파트가 만들어지겠죠. 실제로 그렇게 될 확률이 높고요.

그 복잡한 과정에서 분명 이익을 보는 사람이 생기고, 누군가의 불로소득이 발생할 겁니다. 당장 그린벨트가 해제되면 그 지역의 땅을 가진 사람들이 돈을 벌겠죠. 실제로 그린벨트 지역 땅은 대부분 기업이나 땅이 원래 많은 부자들이 가지고 있습니다. 그린벨트는 농사처럼 특정한 목적이 없는 땅이니까 일반 서민이 사놓을 이유가 없죠. 그래서 실제로 그 지역을 사고 싶어도 살 수가 없습니다. 그런 사람들이 팔지를 않아서요. 그린벨트가 해제되면 그런 땅 소유주가 1차로 이득을 보게 될 겁니다.

일단 그 땅을 정부가 사면 두 가지 방안이 있을 겁니다. 첫째, 그 땅을 건설사에 파는 거죠. 입지가 좋은 땅을 건설사가 사서 거기에 아파트를 지으면 분양도 잘되고 건설사들도 충분한 이득을 볼 겁니다. 둘째, 정부가 그 땅에 공공주택을 분양하는 거죠. 그러면 주변 시세보다 분양가를 싸게 공급할 겁니다. 따라서 시세 차익을 얻는 수분양자가 생기겠죠. 이런 과정에서 불로소득이 생기고, 그린벨트가 분명 사유화

될 겁니다. 정부는 이걸 제대로 해결할 방법을 찾아야 합니다. 그냥 민간 건설사에 맡기거나, 공공 분양을 하더라도 개인에게 통째로 분양하는 방식으로는 해결이 불가능하니까요.

ⅠⅠⅠ 정부가 주도하는 주택 공급

민간 건설사들은 돈이 안 되면 절대 안 들어갑니다. 그린벨트가 아니라 그린벨트 할아버지라도 돈이 되지 않으면 안 들어가죠. 남는 게 없는데 왜 들어가겠어요? 그건 민간을 탓할 게 아닙니다. 당연한 생리인 거죠. 그러니 그 좋은 땅을 정부가 사서 불로소득이 안 남는 방식으로 직접 건설하고 분양하라는 얘기입니다. 하지만 이럴 생각이 없어 보이죠.

정부가 민간에 맡기는 이유를 다양하게 설명하는데요. 먼저 LH가 그 사업을 시행할 수 있는 능력이 없다고 말합니다. 능력이라는 건 두 가지겠죠. 첫째는 경험이 없는 거고요. 둘째는 자금 여력이 없다는 겁니다. 하지만 이건 그냥 변명입니다. 사실 가장 쉬운 해법이 있거든요.

자금 문제는 채권을 발행해도 되고, 아니면 리츠(Real Estate Investment Trust)라는 펀드를 구성해도 됩니다. 자금 부족은 다 핑계인 거죠. "서초구와 송파구에 그린벨트를 풀고 아파트를 지어서 분양할 겁니다. 여기 펀드에 가입하세요." 이렇게 한마디만 하면, 가입하지 않을 사람이 누가 있겠어요? 돈이 되면 누구나 가입합니다. 그리고 부동산은 배당이 무조건 나오는 구조잖아요. 펀딩하기 너무 쉽죠. 그런데 이런 건 그냥 생각도 하지 않는 겁니다.

정부는 기본적으로 이 주택 사업에서 발생하는 이익을 누군가에게 줘야 한다고 생각하고 있죠. 부동산을 사용으로 보는 게 아니라, 자산으로 보는 겁니다. 그러니 이 자산가치를 누군가에게 주려고 하는 거고요. 그게 건설사든 특정 개인이든 말이죠.

정부가 할 수 있는 공공주택사업이 정말 많습니다. 그 이익을 다수가 나눌 수도 있고, 토지임대부주택처럼 땅을 국가가 소유하는 주택 공급 방식도 있죠. 임대주택도 LH가 시공사를 선정해서 '래미안'이나 '푸르지오' 같은 아파트로 지으면 됩니다. 입지가 좋은 땅에 타워팰리스 같은 고급 임대주택을 지어서 토지임대료를 국가가 받고. 그 이익을 사회에 환원하는 거죠. 그럼 부동산으로 시세 차익이 발생하지 않으니까요. 실수요자가 좋은 아파트에서 편하게 살기만 하면 되는 것 아닙니까. 이렇게 운영해도 대형 건설사는 무조건 짓고 싶어 합니다. 왜냐하면 고속도로, 댐을 지을 때처럼 건설업은 어떻게든 수익이 나는 구조이기 때문이죠. 건설업은 제조업이 아니고 서비스업입니다. 그래서 매출 규모가 굉장히 중요하죠. "너희는 그 땅으로 장사하지 말고 아파트만 지어." 이렇게 말해도 지을 사람이 널렸습니다.

박상우 국토부 장관이 2009년부터 2012년까지 주택정책을 총괄했었죠. 지금 부동산 정책을 만드는 분들이 다 똑같은 분입니다. 그래서 맨날 똑같은 얘기만 하는 거 아닌가 싶습니다. 박상우 국토부 장관이 2024년 8월 8일 인터뷰에서 이런 말을 합니다.

"만약에 분양이 되지 않을 경우에는 LH공사가 일정한 가격으로 사주는 방안으로 확약을 하기 때문에 안심하고 주택 사업에 착수할 수 있을 걸로 생각됩니다. 지금 현재 35,000호 정도가 어렵게 공공택지를 확보하고도 이런 미분양 우려 때문에 착공을 못 하는 경우가 있는데 이번에 발표한 제도를 통해서 이런 물량들을 조기에 착공시킬 수 있을 것으로 생각하고요."

- 박상우 국토교통부 장관

민간이 지은 집이 미분양되면 정부가 다 사주겠다는 얘기입니다. 저런 멍청한 짓이 어디 있습니까? 처음부터 정부가 직접 시행하면 되는 거 아닌가요? 건설사들은 아무런 위험이 없습니다. 이런 사업이 어딨습니까? 라면이 안 팔린다고 정부가 사줍니까? 그런데 우리나라는 아파트가 미분양되면 세제 혜택도 주고, 사주기까지 하니, 사업이 아니라 돈 놓고 돈 먹기 수준입니다.

문제는 또 있습니다. 미분양되는 근본적인 원인은 분양가가 비싸기 때문입니다. 예를 들어 분양가를 터무니없이 비싸게 해서 미분양되면 그것도 정부가 사주는 건가요? 말이 되지 않는 상황인 거죠. 건설사들도 좋아할 일이 아닙니다. 상황이 이러니까 혁신이 없어지는 겁니다. 노력도 필요 없고, 그래서 방만해지고, 점점 망하는 거죠.

2024년 8월 서울 아파트값이 전달 대비 1.27% 상승했습니다. 6년 만에 최대 폭으로 올랐죠. 그 이유가 무엇이었을까요? 바로 수요가 증가했기 때문입니다. 수요가 증가한 이유는 두 가지죠. 하나는 정부의 부동산 규제가 대폭 완화됐고, 두 번째는 대출이 증가했기 때문입니다. 이처럼 수요가 증가해서 집값이 올랐는데 정부는 공급을 늘려서 집값을 잡겠다고 말합니다. 현상을 정확히 파악했다면 수요를 줄이는 정책이 나와야죠. 예를 들어 대출을 규제하거나, 아니면 조정 지역을 확대해서 대출을 막는 수요 억제 정책이 필요하다는 겁니다.

건물을 지어서 공급을 늘린다는 건, 사실 몇 년 뒤 얘기잖아요. 하루 만에 공급이 가능한 게 아니고요. 한마디로 정부는 집값이 상승하는 원인 파악도 제대로 못 한다는 얘기죠. 그러니 이런 정책으로 집값을 잡는 건 불가능합니다. 정부는 민간을 이용해서 주택을 공급하는 재건축·재개발 규제 완화를 말합니다. 그런데 민간 주택 공급과 집값, 이 두 가지를 한 번에 잡는 게 가능한 계획인가요?

재건축·재개발 규제를 완화하면 당연히 집값이 오르겠죠. 대체 재건축·재개발 규제를 완화하면서 집값을 잡는다고 말하는 사람이 세상에 어디 있습니까? 동네에서 재건축 조합원한테 "이거 재건축되면 집값 떨어질 거예요."라고 말하면 재건축을 하겠습니까?

이번 8·8 부동산 대책에서 정부의 목적이 딱 드러났습니다. 시장에 정부가 집값을 잡을 생각이 없다는 시그널을 준 거죠. 특례 대출과 정책금융을 40조~50조 원 풀고, 2024년 7월에는 2단계 스트레스 DSR 시행일을 9월로 연기했잖아요? 이거는 정부가 "8월 안에 집을 사!"라고 시장에 말한 겁니다.

정부가 우리나라 부동산을 진단할 때 이런 고정관념이 있습니다. "집이 부족해서 집값이 오른다." 근본적으로 집이 부족한 건 해결이 안 되죠. 지금까지 집이 풍족한 적이 있었습니까? 그래서 공급으로 문제를 해결하려고 하면 안 됩니다. 집값이 요동치는 이유는 사실 수요 때문입니다. 그래서 집값 안정은 수요를 어떻게 해결하느냐가 핵심입니다.

ⅲ 사탕은 이제 그만, 퍼주기식 재건축·재개발

정부가 재건축·재개발 활성화로 신규 주택을 공급하겠다고 말하죠. 활성화 방안은 다음과 같습니다. 용적률을 30% 더 주고, 기본적으로 지어야 하는 국민평형 의무비율을 없애주고, 재건축 집주인인 조합원의 취득세도 40% 정도 깎아주죠.

지금 재건축 조합원들의 예언이 현실이 되고 있습니다. 2023년 윤정부는 재건축 제도를 완화했었죠. 용적률 법적 상한을 300%까지 올려주고, 안전진단도 완화해주고, 계속 관련 규제를 완화했습니다. 그러니 이런 생각이 드는 거죠. '조금 있으면 취득세 40%가 아니라 안 내도 되겠는데?'

재건축 조합원은 규제를 완화하면 오히려 사업을 더 안 합니다. 기대감이 더 커져서 그렇죠. 우리나라 재건축 단지의 구성원들을 보면, 소유권자의 40% 이상이 그 집에 거주하지 않습니다. 그 얘기는 투자 목적으로 노후 주택을 들고 있다는 거죠. 그때 정부가 용적률을 더 준다고 당장 사업을 시작할까요? "좀 더 기다리면 더 주지 않을까?" 이런 기대 때문에 오히려 재건축 동의율이 떨어집니다. 정부가 시장을 잘 모르는 거죠. 진짜 재건축이 빠르게 활성화되길 바란다면 조건을 달아야 합니다. "내년까지만 줄게. 그 이후는 없어." 지금은 그런 것도 없이 그냥 퍼주고 있잖아요. 계속 사탕만 주지 말고 조건도 달아야 합니다. 이건 진보·보수를 떠나서 똑같았습니다. 그래서 지난 정부의 부동산 정책도 실패했던 거죠.

이제는 주택정책을 총괄하는 사람들이 이런 사실을 정말 모르는지, 아니면 알고도 이러는 건지 의심되는 수준입니다. 재건축·재개발 정책을 분석하면서 이런 생각이 들었습니다. '이거 다 재건축 조합원들 아닌가?' 일종의 재건축 해결사인 거죠. 예를 들어 용산의 정책실장도 재건축으로 돈을 엄청 벌었죠. 개포동에 재건축 아파트를 가지고 있지 않습니까? 설마 개인이 연결됐나, 싶은 거죠. 그게 아니면 도무지 납득할 수 없는 정책이니까요. 장관은 2년~3년이지만 자산은 영원히 가지 않습니까?

동네 바보가 아닌 이상 이런 정책이 집값 안정화와 전혀 반대로 가고 있다는 걸 뻔히 알 수 있죠. 지금 당장 집값이 오르는 이유가 뻔한데, 불이 타는 곳에 물을 안 뿌리고 먼 산에 가서 물을 뿌리면 무슨 소용이 있겠어요?

ⅲ 매달 5조 원씩 늘어나는 주택담보대출

주택담보대출이 거의 매달 5조 원 이상씩 늘고 있습니다. 2024년 7월에도 5조6천억 원이 늘었죠. 매달 그렇게 가계부채가 조 단위로 늘어납니다. 정부가 자꾸 집을 사라고 시그널을 주고, 언론에서도 부추기니까요. 2단계 스트레스 DSR 제도도 그렇죠, 갑작스레 기한을 8월까지로 연기했잖아요.

그걸 무주택자는 마지막으로 기회 줄 때 빨리 대출받아서 막차 타라는 얘기로 받아들인 거죠. 이렇게 개인이 대출받으면 누가 이득을 볼까요? 다주택자, 건설사, 은행이 이득을 봅니다. 무주택자는 집을 사지만, 지금 집을 파는 건 다주택자입니다. 건설사는 부동산 PF로 건설자금이 막혀 있었는데, 개인이 대출받으면서 이게 풀리고 있죠. 또 집값이 오르니까 미분양도 팔리고요. 은행도 돈을 엄청나게 벌고 있습니다. 부동산 PF 리스크는 줄고 개인에게는 대출로 이자를 엄청 받죠. 주택담보대출은 은행이 제일 좋아하는 대출입니다. 연체율도 낮고, 부도도 거의 안 나고, 담보도 확실하죠. 그래서 우리나라는 은행이 부동산을 공부하고 있습니다.

ⅢⅡⅠ 치솟는 서울, 몰락하는 지방

8·8 대책이 약 42만 가구를 수도권에 공급하겠다는 거였죠. 수도권에 42만 가구를 공급하면 일단 가능 여부를 떠나서 42만 가구가 수도권에 들어와서 살아야겠죠? 그 사람들은 분명 지방에서 올라오는 사람들일 겁니다. 그럼 안 그래도 비어있는 지방 상권은 다 죽겠죠. 지금도 지방의 아파트값은 계속 내려가고 있습니다. 정부의 정책이 서울과 수도권에 집중돼 있으니, 지방은 죽을 수밖에 없는 겁니다. 균형 발전 차원에서 정말 심각하게 생각해야 합니다.

이런 상황에 정부는 서울에 아파트를 더 짓고 GTX를 만들겠다고 말하고 있습니다. 이게 얼마나 사회적 낭비입니까? 지방은 부동산 PF로 난리 나서 지금 세제 혜택, 다주택자 용인 정책 등이 나오고 있죠. 서울에 GTX를 짓지 말라는 얘기가 아닙니다. 대신 지방에도 그 정도 인프라를 중앙정부가 똑같이 투자해야죠. 가뜩이나 좋은 것들은 다 서울에 몰려 있잖아요. 예술의전당, 세빛둥둥섬 등 전부 다 서울, 강남에 몰려 있는데, 왜 또 수도권에 GTX를 짓냐고요. 광주에도 짓고, 대구에도 짓고, 전주, 부산에도 좀 지어야죠. 지방에 쓸데없는 정책 말고 정말 도움이 되는 정책을 펴야 합니다. 지금은 정책의 방향성도, 일관성도 없고 우리나라가 어느 방향으로 가야 하는지 제시하는 정책들이 하나도 없습니다.

정부가 서울의 집값만 오르니까, 서울과 수도권에 집을 지어야 한다는 강박관념이 있습니다. 지방은 관심도 없는 거죠. 어쩌면 정치적인 문제일 수도 있습니다. 지방은 '잡은 물고기' 취급하는 거죠. 예를 들면 지금 미분양이 가장 많은 지역이 대구입니다. 이런 지역에서 정부의 정책에 불만을 가지는 경우가 흔치 않죠. 그러니까 개인이 아니라 전문가나 언론이 그런 부분을 얘기해주고, 설명하면서 시장 상황을 알려야 하는데, 그런 부분에서 좀 미진한 측면이 있습니다.

ⅲ| 부동산시장과 정치

사실 지금은 정치가 바로 서야 합니다. 22대 국회에 재건축·재개발 촉진법, 재초환 폐지, 금투세 폐지 등 여러 가지 법안이 올라가 있죠. 이 법안을 의결할 때, 사회적 합의와 원칙이 있어야 합니다. 첫째 문제는 이겁니다. "불로소득을 우리 사회가 어디까지 용인할 것인가?" 둘째는 "불로소득을 용인하면서 얻을 수 있는 사회적 편익이 무엇인가?"를 고민해야 한다는 겁니다.

이 두 가지를 민주당이나 정치인들이 깊이 생각해야 합니다. 그냥 그때그때 현안만 대응하면 근본적인 문제 해결이 안 되고, 이익 집단끼리 다투는 모양새가 돼버리죠. 부동산에서 발생하는 불로소득은 사실 억제가 불가능합니다. 그래서 공유화가 필요하죠. 공유화라는 건 5,000만 국민이 수익을 다 함께 나누는 겁니다. 그게 기본소득으로 나누어지든, 기본자산으로 나누어지든, 배당을 받든, 방법은 생각하기 나름입니다. 그린벨트는 미래 세대를 위한 자산이니까, 특정한 개인이 아니라 다 같이 나눌 수 있지 않습니까? 그게 가능하도록 혁신을 말하는 정책이 만들어져야 합니다. 어쩌면 지금이 마지막 기회일지도 모르죠.

당장 개혁이 필요한 핵심이 부동산과 교육입니다. 이 두 분야의 개혁은 반드시 필요하죠. 그런데 여당은 물론 야당 정치인들도 이 현상을 지금 외면하고 있습니다. 어쩌면 이전 정부에서 실패를 겪어서인지도 모르겠는데요. 분명한 건 부동산 개혁 없이는 계속 지금 상황이 반복될 수밖에 없습니다. 부디 부동산 법이나 시장의 흐름을 제대로 분석한 개혁안이 등장할 수 있길 기대하겠습니다.

ⅢⅠ 부동산 핵심 개혁, 시장의 변동 폭과 주거복지

기본적으로 정부가 부동산시장에서 해야 할 역할은 크게 두 가지입니다. 첫 번째는 시장의 변동 폭을 줄이는 겁니다. 즉, 가격이 크게 오르거나 크게 내리는 걸 방지하는 거죠. 부동산의 시세 차익을 최소화하는 겁니다. 두 번째는 주거복지를 달성하는 거죠. 특히 주거 취약 계층을 위한 주거복지를 강화해야 합니다. 이 두 가지가 정부의 부동산 정책 최우선 과제죠.

우리가 불로소득을 계속 얘기하는 이유는 부자들이 나쁘다거나, 그들의 소득을 빼앗아야 한다고 믿기 때문이 아닙니다. 불로소득이 제한되어야 시장의 변동 폭이 줄어듭니다. 변동 폭이 줄어들면 가격이 크게 오르거나 크게 내리지 않으니까요. 시장 안정 차원에서도 불로소득을 억제하는 게 필요합니다.

그렇다면 불로소득을 어떻게 줄일 수 있을까요? 줄이는 건 사실 쉽지 않으니, 불로소득을 공유화하자는 겁니다. 전체가 다 같이 수익을 나누는 구조로 가자는 거죠. 사람들의 불안은 나와 비슷한 사람들이 돈을 벌 때 생깁니다. 이재용 회장이 돈을 많이 벌었다고 해서 배가 아픈 사람은 많지 않습니다. 그런데 내 주변의 김 과장이 로또 분양에 당첨돼서 큰돈을 벌었다고 하면, 그때는 배가 아파지죠. 나는 청약도 떨어지고, 무주택자로 살고 있다면 더더욱이요. 이런 불안을 줄이려면 어떻게 해야 할까요? 일부가 불로소득을 보더라도 그 폭을 줄이고, 그 줄어든 만큼을 다수가 나누면 됩니다. 이렇게 하면 시장의 변동 폭도 줄어들고, 배가 아플 일도 줄어드는 거죠.

다음으로 주거복지를 달성하기 위해서는 정부가 소유하는 아파트의 양이 많아져야 합니다. 그래서 공공주택, 주택은행 같은 제도가 필요한 겁니다. 특히 주택은행을 한국에서 확보하는 건 생각보다 쉽습니다. 왜냐하면 택지를 개발할 권리를 정부가 가지고 있기 때문입니다. 강제수용권도 가지고 있고요. 그래서 그 땅에 분양된 아파트를 전부 분양하지 않고 일부를 정부가 보유하면 됩니다.

또 재건축·재개발도 사회적 자산을 주면서 개발하는 거죠. 이번 2024년 하반기에도 강남은 로또 분양으로 난리가 났습니다. 지금은 수분양자 한 명이 이익을 가져가는 구조인데, 정부가 이 수분양자가 되면 공공주택을 확보할 수 있지 않겠습니까? 공공주택을 충분히 확보하면 자연스럽게 주거복지가 달성됩니다.

이걸 안 하는 이유는 건설사들이 싫어하기 때문이죠. 근데 공공주택을 확보한다고 건설사들이 망하나요? 절대 안 망합니다. 부동산의 근본적인 문제를 해결하려면 불로소득이 생기지 않는 방식으로 정부가 주택을 공급해야 합니다. 재차 설명하지만 지금처럼 모든 걸 민간에 맡기면 집값이 오를 수밖에 없으니까요.

이번에 그린벨트를 푸는 것도, 3기 신도시도 마찬가지죠. 용산미군기지를 이전하면서 공원을 짓지 말고요. 아파트를 짓고, 일반 분양이 아닌 토지임대부주택을 지으면 됩니다. 맨해튼의 배터리파크도 비싼 도시에 있지만, 대부분 토지임대부주택입니다. 그 정도는 보유해야 부동산의 근본적인 문제가 조금은 해결되겠죠.

균형 발전 차원에서 종부세를 개혁하는 방법도 있겠죠. 예를 들어, 서울에서 종부세를 걷어 지방에 교부하는 방식으로 운영하는 겁니다. 용산에 토지임대부주택을 짓고, 거기서 임대료를 받아 지방에 교부하면 지방의 인프라를 확충하고, 산업을 육성할 수 있죠. 이렇게 하면 균형 발전이 자연스럽게 이루어집니다. 지금처럼 서울에 고급 아파트를 짓고 개인에게 분양하면 지방에는 아무런 혜택이 없으니까요.

ⅠⅠⅠ 부동산 개혁, 어쩌면 마지막 기회

지금은 이런 고민이 필요한 시기입니다. 민주당에서 이런 부분을 진지하게 생각하면 좋겠습니다. 부동산 개혁이 필요한 건 민주당도 알고, 정부도 알고 있죠. 다만 건설사와 이해당사자가 싫어하니까 지금 아무도 하지 않고 있는 겁니다. 건설사가 싫어하는 이유는 단 하나입니다. 돈을 못 버니까요. 그래서 이렇게 배짱부리는 거죠. "당신들 자신 있어요? 우리 건설사들 무너지면 괜찮겠습니까?" 부동산 PF로 금융까지 연결돼 있으니, 우리가 무너지면 나라가 무너진다는 확신이라도 있는 걸까요?

지금 바꾸지 못하면 우리 아들딸 세대가 이 체제를 견딜 수 있겠습니까? 우리 아이들이 과연 이렇게 높은 집값을 감당할 수나 있겠냐고요. 다음 세대를 위해서라도 부동산 개혁은 필요합니다. 정치가 그 역할을 제대로 해서 우리나라가 더 살기 좋은 나라가 될 수 있도록 바꿔나가야 합니다.

6

부동산 PF 돌려막기,
역대급 가계대출

.
.
.

2024년 가계대출이 정말 무서울 정도로 급증하고 있습니다. 월간
으로 보면 가계대출이 2024년 8월에만 5대 은행 기준으로 거의 9조 원
이 증가했죠. 규모도 규모지만 사실 더 중요한 건 속도입니다. 2024년
3월부터 급격히 증가하기 시작했는데 7월~8월 두 달 만에 16.5조 원이
증가한 겁니다.

이렇게 늘어나는 가계대출은 거의 다 주택담보대출인데요. 일단
시기적으로 특수한 상황이 있었습니다. 원래 정부가 2단계 스트레스
DSR 제도를 2024년 7월부터 적용하려고 했었죠. 쉽게 말하면 가계대
출이 너무 늘어나니까 주택담보대출 한도를 줄이려고 한 거죠. 근데 7
월에 적용하려던 제도를 갑자기 9월로 미뤘습니다. 정부가 발표한 연
기 이유는 다음과 같습니다. 첫째, "부동산 PF의 질서 있는 연착륙을
위해 연기하겠다." 둘째, "갑작스러운 대출 규제에 따른 가계의 혼란을

2024년 가계대출 증감 추이

(단위 : 조 원)

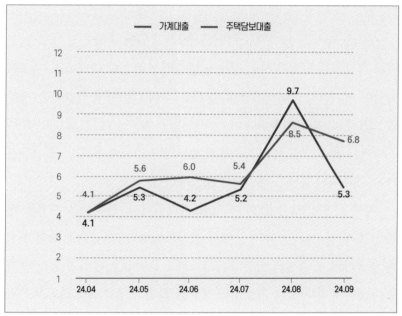

자료 : 금융위원회, 광수네 복덕방

방지하겠다."

주택 실수요자는 규제 전인 8월 안에 대출하려는 사람이 많아졌습니다. 그 결과 미분양 아파트는 감소했고, 가계대출도 급증했죠. 서울 아파트 거래량만 봐도 2024년 7월에 8,000건이 넘었습니다. 불과 1년 전만 해도 1,000건 내외였는데 거의 8배나 증가한 거죠. 이 흐름에 가계대출 증가, 주택 수요 증가, 집값 상승이라는 전형적인 인과가 보입니다. 특히 8월 31일, 이날 하루에만 1조6천억 원이 대출됐죠. 정부가 2단계 스트레스 DSR 제도를 연기한 건 사실상 실수요자들에게 이렇게 말한 겁니다. "마지막 기회다, 빨리 대출받아서 집 사!"

ⅢⅠ 부동산 PF 대책: 민간에 떠넘기기

아직도 부동산 PF 문제는 해결되지 않고 있습니다. 민간이 빚을 얻어서 해결하는 방법이 사실 정부가 생각하는 유일한 대책이죠. 애초에 사업이 어그러지면 망하게 놔둬야 하는 건데 그러지 못했습니다. 정부의 의도대로 지금 가계대출이 늘어나면서 부동산 PF 문제가 일부 해소되기는 했습니다. 서울 아파트의 미분양은 감소했죠. 그런데 부동산 PF의 근본적인 문제는 해결되지 않았다는 겁니다.

지금 문제인 부동산 PF는 사실 지방입니다. 건설사가 지방의 땅을 비싸게 샀는데 그 지역 분양이 지지부진한 겁니다. 근본적인 문제를 해결하려면, 지방의 미분양이 감소하고 그만큼 지방의 부동산 PF가 줄어들어야 합니다. 하지만 지금 상황을 보면 대부분 수도권의 미분양만 감소했고 수도권의 집값만 올랐습니다. 지방은 오히려 집값이 떨어지고 거래량도 거의 증가하지 않았죠. 한마디로 정부가 가계대출만 늘리고 부동산 PF는 전혀 해결하지 못하고 있는 겁니다.

오히려 이런 정책 때문에 지방 부동산 PF 문제는 더 심각해졌습니다. 진짜 문제는 해결이 안 되고 더 깊어지는 거죠. 지금 지방의 준공후 미분양이 계속 누적되고 있습니다. 이게 제일 심각한 문제고, 당장 급한 일인데, 해결하려는 의지가 하나도 보이지 않습니다. 정부는 대책이 그냥 제로, '전무'입니다. 그래서 대출을 규제한다고 했다가는, "실수요자들은 다시 풀어줘야 하는 거 아니냐?" 이런 근시안적인 얘기만 하는 겁니다.

ⅡⅡ 가계대출 폭등: 명백한 정책 실패

2024년 가계대출 폭등은 명백한 정책 실패입니다. 먼저 정부가 2단계 스트레스 DSR 제도를 연기하는 바람에 그 심리가 작용했고요. 또 2024년 8·8 부동산 대책에서 특히 수도권 집값을 올리는 대책들을 쏟아내니까 이런 효과가 나타날 수밖에 없죠. 그나마 외적인 요소를 찾아보면, 금리 때문도 있습니다. 금리 인하가 될 거라는 걸 모두가 알고 있었거든요. 정부의 정책이 그 위에 기름을 부은 겁니다. 지금 부동산 시장에 가장 많이 도는 말이 뭐냐면요. "집은 원래 대출 많이 해줄 때 사는 거야." 이런 말입니다.

박근혜 정부 때 "빚내서 집 사라."고 했을 때가 공교롭게도 집값이 낮았을 때였거든요. 그게 뇌리에 있으니까 이렇게 생각하는 겁니다. '봐봐, 과거에도 빚내서 집 사라고 할 때 집값이 올랐잖아. 그러니까 대출해줄 때가 원래 집값이 바닥인 거야.' 이런 게 시중에 나돌고, 관련 정책이 쏟아지면서 언론, 전문가, 정부, 이 모두가 사람들이 집을 사도록 등을 떠민 겁니다.

최근에 등장한 가슴 아픈 단어가 뭐냐면 '대출 난민'입니다. 예를 들어, 2024년 8월 31일까지 대출을 못 받으면 그 사람은 대출 난민이 되는 거죠. 2021년도에 집값이 크게 상승하고 소위 '영끌' 한다고 했을 때, 가장 많이 썼던 말이 '벼락거지'였어요. "너 가만히 있어서 거지 됐어. 빨리 빚내서 집 사." 이런 식이었죠. 이제는 '대출 난민'이라는 다른 용어가 나온 겁니다.

2024년 정책대출과 은행 주택담보대출 증감 추이

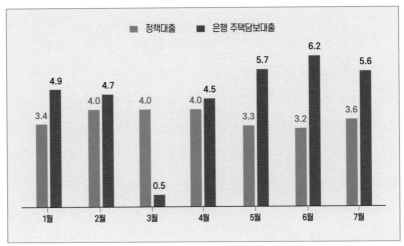

(단위 : 조 원)

■ 정책대출 ■ 은행 주택담보대출

월	정책대출	은행 주택담보대출
1월	3.4	4.9
2월	4.0	4.7
3월	4.0	0.5
4월	4.0	4.5
5월	3.3	5.7
6월	3.2	6.2
7월	3.6	5.6

자료 : 금융위원회, 광수네 복덕방

　물론 대출을 많이 받는 게 무작정 좋은 건 아닙니다만, 소득이 충분히 뒷받침되면 빚내서 잘 활용하는 게 당연히 좋을 수는 있죠. 그런데 지금은 소득은 그대로인 상황에서 정부가 일단 대출받아서 집을 사라고 부추기는 거잖아요. 2024년 4월부터 7월까지 가계대출 약 36조 원이 증가했는데요. 그중에서 정책성 대출이 14조 원을 넘습니다. 그러니까 약 39%가 정책대출이었다는 거죠. 가계대출 중 정책대출이 차지하는 비중이 정말 엄청납니다.

ⅲ 대출이 늘어야 결혼과 출산이 늘어난다?

박상우 국토교통부 장관이 국회 답변에서 이런 얘기를 했었거든요.

"중산층이나 또 청년층을 대상으로 하는 정책 금융을 좀 집행한 바가 있습니다. 그것들은 또 다른 측면에서 일반 국민의 주거 수요, 특히 젊은 사람들이 결혼하지 않고 출산하지 않는 것이 주거 문제 때문이라는 지적들이 많았기 때문에 저출생 대책의 일환으로 그런 정책 자금을 집행한 바가 있습니다."

― 박상우 국토교통부 장관

지금 국토부든, 금융위원회든, 금융감독원이든 사실 일관된 모습을 보이고 있습니다. 대출을 많이 해줘서 집값을 올리고, 가계대출을 통해서 부동산 가격도 올리고, 결국 부동산 PF 문제까지 해결하려는 거죠. 그래서 대표적으로 나온 정책이 '저출생 대책을 위한 신생아 대출' 같은 결과물입니다. 저 말은 제가 가장 싫어하는 말인데, 이유가 있습니다.

우리가 결혼하지 않고 출산하지 않는 이유는 대출을 해주지 않아서가 아닙니다. 집값이 비싸서 못 하는 거죠. 아니, 길거리에 나가서 사람들한테 물어보세요. "혹시 대출을 안 해줘서 결혼을 못 하시나요? 애도 많이 안 낳고요?" 인과를 전혀 파악하지 못한 정책입니다. 오히려 집값이 올라서 더 결혼하지 못하게 됐죠. 중산층이나 청년층을 전혀 생각하지 않고 있다는 증거입니다.

정책대출은 오히려 다주택자, 건설사, 시행사, 그리고 은행을 위한 거죠. 예를 들어 은행이 정책대출을 해주면, 이자를 싸게 받는 게 아니라 그 차액을 정부가 세금으로 보전해줍니다. 그게 무려 2024년에만 1조4천억 원이 들어갑니다. 전세 사기 보상해주는 금액이 3조 원인데, 그 전세 이자 보전에는 매년 1.4조 원씩 들어간다고요. 충격적이지 않습니까?

전세 사기 피해를 지원해주지 못하겠다는 근거로 이런 이유를 들먹입니다. "사기당한 사람이 전세 사기만 있냐, 보이스피싱 등 다른 사기당한 사람도 지원해야 하냐?" 지금 비교할 걸 비교해야죠. 전세 사기는 정부의 잘못도 일정 부분 있지 않습니까. 그 피해자들이 당장 길바닥에 나앉지 않도록 도와주자는 건데, 그조차도 못 해주겠다고 했었죠. 전세 사기 피해자 대부분은 신혼부부, 청년, 저소득층입니다. 그들을 위한 예산은 전혀 쓰지 않으면서, 은행에는 매년 1.4조 원씩 정책대출용 이자를 보전해주고 있는 겁니다.

그런데 문제는 이런 정책이 먹힌다는 겁니다. 아까 말한 2단계 스트레스 DSR 연기, 정책대출로 이자 조금 싸게 해주기, 이런 게 사람들의 욕망을 자극합니다. 당장 "내가 돈을 벌 수 있구나"라는 욕망이요. 이런 욕망을 자극하는 정책이 아니라 사람들이 미래에도 잘살 수 있게 하는 근본적인 대책을 내놓아야죠.

ⅢⅠ 정부의 고무줄 같은 대출 정책

어쨌든 집값도 너무 오르고 가계대출이 워낙 무섭게 급증하니까 이걸 견딜 수 있겠냐는 걱정을 정부도 이제 하는 겁니다. 그래서 은행들 압박해서 금리 올리고, 다시 규제한다고 난리였죠. 이런 게 분명 필요할 때도 있지만 지금은 이런 정책이 결과적으로 더 문제를 키우고 있습니다.

2단계 스트레스 DSR이 2024년 9월부터 시행되죠. 그런데 8월 20일, 시행을 앞두고 금융위원회가 추가 내용을 발표합니다. 수도권은 가산금리를 1.2%p만큼 올려서 적용하겠다고 말하죠. 대출 규제를 더 강화하겠다는 겁니다.

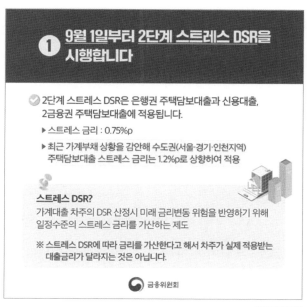

자료 : 금융위원회

이 정책을 보면서 이런 생각이 들었습니다. '지금 대출 규제로 오히려 대출을 더 받게 하려는 건가?' 왜냐하면 8월 20일에 대출 규제를 발표하고, 9월 1일부터 적용하잖아요. 그럼 당연히 '대출 규제가 적용되기 전에 빨리 대출받아야겠다.' 이런 생각이 들지 않겠어요? 애초 저상황을 노리고 정책을 짠 게 아닌가 하는 거죠. 만약 노린 게 아니라고 해도 실제로 저런 일이 벌어졌으니까요. 정부가 정말로 대출을 규제하려는 게 맞는지, 가계대출을 안정화하려는 게 맞는지, 의심이 드는 겁니다.

이런 의심이 들만한 정황이 또 있습니다. 정부가 제1금융권은 대출을 규제하면서 제2금융권은 규제하지 않았죠. 또 주택 실수요자에 대한 규제는 강화하지 않겠다는 말도 나오고 있습니다. 실수요자는 가계대출로 집을 사라고 부추기는 거죠. 이런 정책 설계로 정말 가계대출을 줄일 수 있겠냐는 겁니다.

사실 가계대출을 줄이는 방법은 많습니다. 은행들 대출 규제하는 거 말고 지금 정부가 하고 있는 특례보금자리론을 줄여도 되죠. 다른 방법은 LTV를 조정해서 총량을 규제하는 겁니다. 예를 들어 서울의 일부 지역 집값이 오르면, 투기과열지구로 지정하는 겁니다. 그럼 LTV 규제가 들어가는 거죠. 소득이 높든지 말든지 무조건 규제가 되는 겁니다. 지금은 LTV가 70%까지 풀렸고, 생애 최초는 심지어 80%까지 가능합니다. 10억 원짜리 집을 사면서 신혼부부가 7억, 8억 원을 대출받아서 사고 있죠. 꼭 알아야 하는 게, 빚은 갚아야 합니다. 그런데 지금 시장에서 이런 말이 떠돕니다. "빚은 원래 안 갚는 거다, 자산이 올라가면 된다, 집값이 올라가면 된다." 정말 잘못된 말입니다. 빚은 갚아야 하죠. 계속 이자도 내야 하는 거고요.

지금 LTV를 풀어주니까 대출이 증가하고 주택 수요도 증가했잖아요. 그러니까 쉽게 말해서, LTV를 줄이면 가계대출이 줄겠죠. 2000년대 초에는 원래 LTV가 40%였습니다. 이명박·박근혜 정부 들어서면서 70%까지 확대됐죠. 만약 40%까지 다시 줄인다면 집을 사고 싶어도 대출을 받지 못하니까 거래가 줄어들 겁니다. 집값은 그만큼 떨어지고 40%만 대출받아도 집을 살 수 있는 합의점이 나타나겠죠. 이런 게 선순환입니다.

근데 가계대출을 규제하지 않는 윤 정부의 강력한 근거(혹은 핑곗거리)가 하나 있죠. 문재인 정부 때 가계대출을 규제했는데도 집값이 올랐다는 겁니다. 그래서 대출과 집값은 상관관계가 없다고 말하죠. 국토부나 연구원의 보고서에 이런 논리를 엄청나게 써먹었습니다. 실제로 그렇긴 했었죠.

그런데 거기에는 결정적인 차이가 있습니다. 그때는 왜 가계대출이 증가하지 않아도 집값이 올랐냐면 투기하는 사람들이 많았기 때문입니다. 전세 끼고 사는 사람들, 전세 대출은 그때 규제를 안 했으니까요. 그 지점이 문제였던 거지, 가계대출 규제가 무용지물이었던 건 아니라는 겁니다. 막판에 전세 대출을 규제하면서 그때부터 집값이 떨어지기 시작했죠. 그리고 또 하나는, 임대 사업자들의 혜택이 늘면서 투기하는 사람들이 증가했기 때문에 가계대출을 아무리 규제해도 집값이 올랐던 겁니다.

그러니까 정책을 설계할 때는 인과를 정확하게 파악해야죠. 지금도 계속 다른 정책을 할 때 이전 정부를 탓하지 않습니까? "문재인 정부 때 가계대출 규제해도 집값 못 잡았잖아. 효과 없어." 이렇게 말하면 안 된다는 겁니다.

ⅢⅠ 부동산은 팔아야 돈을 번다

2024년 8월, 다주택자들은 실수요자들한테 집을 팔고 있습니다. 부동산은 가지고 있다고 해서 수익이 나지 않죠. 가지고 있으면 이런저런 세금과 이자만 내는 겁니다. 부동산 수익은 무조건 팔아야 실현됩니다. 그렇기 때문에 투기하는 사람들은 파는 시점을 가장 고민합니다. 사는 것보다 파는 게 중요한 거죠.

그럼 다주택자가 집을 왜 지금 팔려고 할까요? 당연히 좋은 시점이니까 파는 겁니다. 종부세도 완화되고, 양도세 부담도 줄고, 심지어 대출받아서 집을 구하는 사람도 많죠. 투기꾼들이 돈을 벌고 있는 겁니다. 집값이 오르고, 특히 실수요자들이 집을 살 때, 항상 다주택자의 수는 줄어듭니다.

그래서 정부의 정책이 정말 중요합니다. 이럴 때 국민에게 이렇게 얘기해야죠. "지금 집을 살 때가 아닙니다. 그래서 대출도 안 해줄 겁니다. 집값이 안정되면 그때 대출받으세요." 같은 정책이라도 누구의 입장에서, 누구의 편을 들어주느냐에 따라 포용하는 정책이 될 수도 있고, 착취하는 정책이 될 수도 있는 겁니다. 집값을 안정화하겠다고 말하면서 그 방향이 서민이나 중산층을 향하지 않으면 무슨 의미가 있겠습니까.

ⅠⅠⅠ 뒤죽박죽 행정, 오락가락 은행

은행들이 요즘 갈팡질팡하고 있습니다. 금감원이 "집값 오르니까 금리 빨리 올려!" 이런 뉘앙스로 말한 것처럼 보이자, 은행들이 주택담보대출 금리를 확 올렸죠. 그랬더니 금감원장이 '우리가 언제 금리 올리라고 그랬어? 은행들이 또 이자 장사하고 있네?'라고 생각하고는 이렇게 말했거든요. "금리를 올린 은행에 개입을 조금 더 세게 해야 할 것 같다."

그런데 말이죠, 이런 정책은 원래 금융위원회가 펼쳐야 하는 일인데, 왜 금감원이 항상 이렇게 나서는지 모르겠습니다. 이복현 금감원장은 물론 회계사 자격증이 있지만 일단 검사 출신이죠. 지금 모든 금융정책을 이분이 다 결정하다시피 하고 있습니다.

물론 금융회사는 금감원을 가장 무서워합니다. 금감원이 뭐라고 하면 금융회사는 말을 잘 듣긴 하겠죠. 하지만 이건 우리나라 금융 정책이 정치화되어 있다는 증거일 뿐입니다. 그래서 금융위가 해야 하는 일을 정치적으로 더 가까운 금감원장이 하고 있는 거죠. 이러면 안 됩니다.

왜 그러냐 하면, 서로 권한이 다르니까요. 금융위원회는 우리나라 금융 정책을 총괄하는 대표적인 기관이고, 가계대출, 가계자산 건전성, 주식시장 안정 등을 다루는 곳입니다. 반면 금감원은 잘못된 일이 발생했을 때 조사하는 후행적인(사후관리적인) 기관이죠. 금융위원회는 선행적이고, 금감원은 후행적인 역할인데, 지금 이게 뒤죽박죽이 된 겁니다. 나라 체계가 완전히 엉망인 거죠. 검사 출신이면 어디든 가서 권력 서열 1위가 돼버렸습니다. 금감원장을 검사 출신으로 두니까 금융감독원장이 금융위원장 역할을 대신하고 있는 거잖아요. 그러니 금융 정책이나 방향성이 오락가락하고 시장은 난장판이 되는 거죠.

자산시장에서 가장 중요한 건 불확실성을 줄이는 건데, 지금은 거

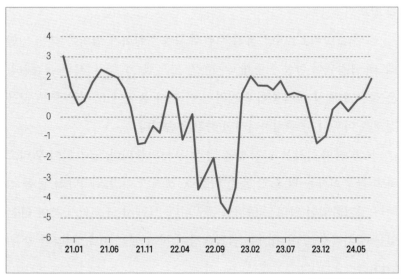

서울 아파트 매매가격 지수, 위험한 시장

(단위 : %)

자료 : 한국부동산원, 광수네 복덕방

꾸로 불확실성을 키우고 있습니다. 지금 서울 아파트 매매가격 지수가 월간으로 2%씩 오르락내리락하고 있죠. 무슨 주식시장처럼요. 이러니까 한국 부동산시장이 지금 안정적이라고 말할 수가 없는 겁니다.

ⅲ 늘어나는 가계대출, 박살 나는 내수 경제

지금처럼 가계대출이 사상 최대로 치솟으면 동네 상권과 내수도 박살이 납니다. 이자도 내고 원금도 갚아야 하니, 당연히 소비가 위축될 수밖에 없죠. 10억 원짜리 집을 사면서 7억~8억 원을 대출받아 그 빚을 관리하려면, 삼겹살을 사 먹을 돈이 어디 있고, 옷을 사 입을 돈이 어디 있겠습니까? 그런데 박상우 국토교통부 장관이 국회에서 이런 식으로 말했습니다.

> "주택담보대출이 늘어나는 것은 최근 5월 이후에 주택 거래량이
> 늘어난 것과 관계가 있고요. 지금 뭐 수출은 잘되는데 내수가 안
> 되는 것은 반드시 주택담보대출이 늘어난 것 때문만은 아니라고
> 생각합니다."
>
> – 박상우 국토교통부 장관

이 말은 두 가지가 틀렸습니다. 첫째, 주택담보대출이 늘어난 이유가 주택 거래량이 증가해서 늘어났다는 건 인과를 잘못 파악한 겁니

다. 한번 생각해봅시다. 내가 집을 살 때, 대출도 안 받고 거래부터 합니까? 그런 사람이 대체 어디 있죠? 당연히 집을 사기 전에 대출부터 알아보는 거죠. 저런 말은 민생을 전혀 모르는 겁니다. 아주 상식적인 부분을요. 그러니까 대출이 먼저고 거래가 나중인데, 거래량이 늘어나서 대출이 증가했다는 건 전후 관계가 완전히 틀린 말입니다.

둘째, 주택담보대출이 늘어난 것과 내수가 박살 나는 것은 당연히 연결된 문제입니다. 그러면 내수가 왜 박살 나고 있는 건가요? 사람들이 갑자기 입맛이 떨어져서 삼겹살을 안 먹는 겁니까? 아니면 옷을 사 입기 싫어서 그런 걸까요? 가장 직접적인 원인은 우리나라 중산층이 지금 빚을 떠안고 있어서죠. 내수의 핵심은 중산층입니다. 특히 주택을 살 수 있는 중산층이 내수에 결정적인 영향을 미치죠. 그런데 중산층이 대출을 많이 받으니 내수가 박살이 나고 있는 겁니다.

이런 당연한 것도 정부는 제대로 된 인과를 파악하지 못하고 있습니다. 그러니까 좋은 정책이 나오질 못하는 겁니다. 지금 내수를 살리기 위해선 어떻게 해야 하는지도 모르고요. 윤 대통령이 2024년 8월 29일 이렇게 말했습니다. "지금 우리 경제가 확실히 살아나고 있다." 하지만 그건 일부 반도체, 자동차를 수출하는 대기업들 이야기입니다. 일반 국민의 생활이 나아지는 것과 대기업의 수출이 늘어나는 것은 전혀 별개의 문제죠. 대기업들은 국내에 다시 재투자하지도 않고 고용도 늘리지 않고 있잖아요.

진정한 내수가 늘어나는 건 동네 상권에서 돈이 돌아야 가능합니다. 일전에 이재명 대표와 한동훈 대표가 25만 원 전 국민 지원금을 두고 논의했던 것도 이런 문제를 해결하려고 했던 겁니다. 한동훈 대표는 '현금 살포'라고 비판했지만, 그건 굉장히 악의적인 프레임이죠. 현금 25만 원을 저축하는 게 아니고 무조건 동네에서 일정 기간 내에 반드시 사용하도록 지역 화폐로 주는 거잖아요. 그걸로 동네 상권을 살리고, 내수를 살리자는 거죠. 이런 게 재정을 통해서 지금 정부가 해야 할 일 아닐까요?

한국 GDP 성장률이 2분기에도 마이너스를 기록했죠. 그 배경에는 취약한 내수의 영향이 막대합니다. 우리나라 GDP에서 내수가 차지하는 비중은 2023년 기준 49%입니다. 내수가 엄청나게 중요한 거죠. 자꾸 착각하면 안 되는 게, 대한민국을 수출 중심 국가라고만 생각하면 안 됩니다. 지금은 세계화가 깨지고 있는 시점이라 수출이 예전처럼 잘될 수가 없습니다. 미국도 앞으로 보호무역을 더 강화할 태세고, 중국도 자체 보호 정책을 펼치고 있으니까요.

결국, 내수를 어떻게 탄탄하게 유지할 것인지가 경제 성장의 핵심입니다. 지금 우리나라 내수가 힘든 가장 근본적인 원인은 가계대출에 있죠. 이로 인한 부담이 나날이 가중되고 있습니다. 지금까지는 그래도 희망이 있었어요. "물가가 좀 내려가고 금리가 내려가면 나아지겠지." 그런데 이제는 금리가 내려가도 나아지지 않을 수 있다는 게 현실이 되고 있습니다. 희망이 절망으로 바뀌기 전에 제대로 된 대책을 내놓아야 합니다. 내수 진작을 위한 마중물이 필요한 거죠.

7

정부가 하면 되잖아요?
민간 리츠 사업

정부가 서민 주거 안정을 위해 민간 기업형 임대주택을 활성화하
겠다고 말했죠. 앞에서 공공 리츠를 만들어서 임대 사업을 하자고 말
한 적이 있습니다. 그런데 여기서 '공공'을 '민간'으로 넘긴 게 민간 기
업형 임대주택입니다. 정확히 말하면 민간에 임대주택 시장을 활짝 열
어주면서, 여러 가지 세제 혜택도 주고, 규제도 풀겠다는 얘기죠. 임대
주택 시장을 민간에 맡기겠다는 말입니다. 근데 이 사업은 무조건 돈
이 되는 사업이기 때문에 민간에게 주면 안 됩니다. 무조건 정부가 주
도해야 하는 사업이죠.

그런데도 지금 굳이 임대주택 시장에 민간을 끌어들이는 모양새입
니다. 민간 기업들이 참여하도록 세금도 깎아주고, 대출이나 임대 규
제도 다 없애준다고 하면서요. 그런데 이렇게까지 할 거라면 그냥 공
공이 주도하면 될 터인데, 왜 굳이 민간에게 맡기려 하냐는 겁니다. 이

유를 생각해보면 하나밖에 없습니다. 돈이 되니까, 민간에서 요구해서 그런 게 아니냐는 거죠.

▥ 민간 기업형 임대주택, 공공사업 민영화의 포문

근데 여기서 민간에게는 약간 독소 조항이 하나 있습니다. 바로 20년 장기임대 조건입니다. 20년 동안 임차인에게 집을 임대해줘야 한다는 거죠. 민간에서는 지금 그 기간을 5년으로 줄여달라고 요구하고 있습니다. 민간에게 이런 일을 맡기면, 계속 이렇게 요구 사항이 늘어날 수밖에 없습니다. 뭔가를 주면 민간은 당연히 더 달라고 하겠죠. 그렇게 민간에게 하나둘 이권을 주기 시작하면, 원래 목적대로 사업을 조정하기가 힘들어지고요. 그 부담은 임차인에게 돌아갈 겁니다.

또 임대료 상승률도 높아지겠죠. 지금은 주변 시세의 90%로 상한선을 두겠다고 하는데요. 시간이 지나면 모를 일입니다. 민간사업이 처음의 현행을 유지하는 경우는 굉장히 드물죠. 민간에 맡기면 그렇게 되는 게 당연한 겁니다. 자선사업가가 아니고 돈이 목적이니까요.

그렇기 때문에 리츠 사업은 반드시 민간이 아니라 정부 주도의 공공 리츠로 운영해야 합니다. 그래야 일반 국민이 리츠에 참여하고, 제대로 된 혜택을 받을 수 있죠. 그걸 정부도 모를 리 없습니다. 정부가 지금은 임차인의 부담이 늘 수도 있는 구조를 남겨뒀죠. 이거 자체가 어떤 목적이 있을 수 있습니다.

예를 들어 의료민영화 같은 얘기를 자꾸 꺼내지 않습니까? 어쩌면 윤 정부의 다음 스텝이 민영화일 수도 있는 겁니다. 이런 대규모의 수익 사업을 민간에 넘기는 거죠. 이때 자주 등장하는 말이 있습니다. "시장에 맡기면 모든 게 알아서 잘 돌아간다." 하지만 이 말에는 치명적인 오류가 있죠. 시장은 민간이나 기업이 아니라는 겁니다.

무슨 얘기냐면, 민간 기업은 사실 시장을 가장 싫어합니다. 왜냐면 피곤하게 경쟁해야 하기 때문입니다. 그래서 민간 기업이 추구하는 궁극의 목표는 과점이나 독점입니다. 워런 버핏도 이런 말을 하죠. "과점이나 독점 기업에 투자해라." 그래서 민간 기업은 시장과 별개입니다. 그런데 이걸 이해하지 못하는 사람이 많습니다. 특히 윤 정부가 잘 모르는 거 같습니다. 민간에 맡긴다고 시장이 마법처럼 알아서 잘 돌아가지 않는다는 사실을요.

ⅠⅠⅠ 범인은 누구? 이득을 보는 사람

이 사태를 파악하려면 가장 이득을 보는 사람이 누구인지를 주시해야 합니다. 이건 진짜 큰돈이 되는 사업이니까요. 만약 민간이 리츠 사업을 추진한 뒤 20년 동안 임대료를 물가상승률만큼만 올리겠다고 하고, 그 약속이 지켜진다면 좀 나을 수도 있습니다. 하지만 애초 이 사업을 굳이 민간에 넘길 이유도 없고요. 그 조항이 유지된다면 민간에서 의욕적으로 리츠 사업을 진행하지 않겠죠. 여러 이유를 따져 봐도 절대 민간에 넘기면 안 되는 사업입니다.

민간이 맡게 된다면 소기의 목적을 달성할 때까지 정부에 끊임없이 요구할 겁니다. 취득세 감면도 분명 요구하겠죠. 지금도 보면 건설사, 시행사들 정말 난리가 났죠. 그들을 비난할 수는 없습니다. 다시 한번 말하지만 민간이 수익을 추구하는 건 정말 당연하니까요. 그래서 리츠 사업은 공공에 더 어울리는 사업이라고 재차 말하는 겁니다.

ⅲ 민간을 공공으로, 무주택자를 위한 정책

만약 정부가 돈이 없어서 민간에게 맡기고 싶다면요. 국민에게 리츠나 증권 토큰 같은 걸 발행해서, 주식 사듯이 투자하라고 말하면 됩니다. 수익률이 꽤 높기 때문에 새로운 공공 자금을 확보할 훌륭한 방법입니다.

정부가 시행하고 펀딩의 주체는 국민이 되는 거죠. 좀 더 세밀하게 들어가면, 초기에는 무주택자들만 펀딩할 수 있도록 운영하는 겁니다. 그럼 무주택자들이 더 여유를 갖고 생활할 수 있게 되겠죠. 일정 부분 기본소득도 마련할 수 있는 겁니다. 그런데 이런 방안을 말하면 이렇게 얘기하는 사람이 많습니다. "전 세계에 이런 예가 없잖아요?"

이런 정책을 얘기하는 이유가 있습니다. 한국의 부동산시장은 굉장히 독특하기 때문에 이런 정책이 필요한 겁니다. 전 세계 어디에도 전세 제도가 있는 나라는 없습니다. 전세 제도가 있다는 건 정말 특이

한 경우죠. 특히 투자하기 정말 좋은 구조입니다. 무이자 대출로 레버리지를 일으킬 수 있으니까요. 이런 특수성을 감안한, 한국만의 정책이 될 수도 있는 겁니다.

이런 방법을 찾아보려는 시도는 해본 걸까요? 정부가 노력도 안 하고 돈이 없다고 말하면서 민간 기업에 임대주택을 맡기는 건 정말 말이 안 되는 소리입니다. 심지어 세금까지 깎아주죠. 취득세 중과도 깎아주고, 종부세 합산도 면제하고, 법인세 추가 과세도 면제하니까요. 그럴 바에 차라리 금융상품을 만들고 전 국민이 여기에 들어오게 해야 하는 것 아닙니까. 충분히 국민연금같이 될 수도 있습니다. 수익률도 높고, 투자원금을 잃을 염려도 없는 부동산 상품이잖아요.

일반 국민도 이참에 자산 좀 불리고, 이걸 사서 노후 대비도 할 수 있지 않겠습니까? 지금 국민연금을 개혁한다고 하잖아요. 사실 이런 사적 연금이 아니라 공적 자산을 통해 국민이 안정적으로 노후 자금을 마련할 수 있다면 얼마나 좋을까요. 누이 좋고 매부 좋고, 도랑 치고 가재 잡고. 이건 단어만 바꾸면 됩니다. 민간 임대를 공공 임대로!

8

그래서
집은 언제 사요?

•
•
•

지금 대한민국에서 가계대출을 일으키고 집을 사는 사람들의 마음은 어떨까요? 2024년 주택담보대출 증감 현황을 보면 바로 알 수 있습니다. 월마다 요동치는 수치만큼 엄청나게 불안한 겁니다. 집이라는 평생을 좌우할 수 있는 자산의 거래 지표가 달마다 위아래로 흔들리고 있지 않습니까.

"집을 언제 사야 하느냐?" 이것은 정말 누구에게나 삶을 관통하는 중요한 질문입니다. 그렇다면 과연 집은 언제 사야 할까요? 이 질문에는 간단한 말로는 답변할 수 없는 너무 많은 문제가 얽혀 있습니다. 개인의 자산, 국가의 정책, 시장의 상황 등 고려해야 할 요소가 너무 많기 때문입니다.

ⅡⅠ 집값이 안정됐는가?

집값이 안정세에 접어들었다고 판단하는 기준 혹은 근거가 있습니다. 가장 중요한 지표는 거래량입니다. 예를 들어 2024년 7월 서울에서는 거의 8,800건의 아파트 거래가 이루어졌습니다. 그리고 다음 달인 8월에는 6,100건 정도로 감소했죠. 한마디로 거래량이 일단 줄어들고 있는 겁니다. 이어지는 9월엔 2,000건이 좀 안 되죠. 이런 거래량 감소 추세가 있으면 안정세에 접어들 가능성이 큽니다.

2024년 서울 아파트 매매 거래량 추이

(단위 : 건)

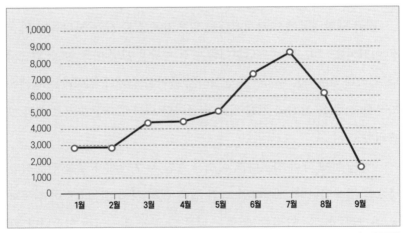

자료 : 국토교통부

가끔은 집값이 의심될 때도 있습니다. 예를 들어 누군가 20억 원짜리 집을 사놓고 8개월 동안 등기를 안 합니다. 부동산 거래를 해본 사람이라면 누구나 이상하게 생각할 겁니다. 있을 수 없는 일이죠. 이런 경우 허수 거래일 수도 있습니다. 경제학적으로 앵커링(Anchoring), 혹은 '정박 효과'라고 하죠. 쉽게 말하면 배가 정박할 때 닻을 내리잖아요? 자산시장에서도 그런 '닻 내림 효과'가 있습니다. 예를 들어 아파트가 5억 원에 거래되다가, 갑자기 10억 원에 거래되면요. 다음에 거래하려는 사람들은 가격을 10억 원에서 출발하게 됩니다.

그럼 매수자 입장에서 "제가 9억 원에 드릴게요."라는 말이 싸게 들릴 수 있습니다. 만약 10억 원이 허위 거래라면, 실제로는 5억 원보다 4억 원이나 비싼 건데 말이죠. 실제로 이런 허위 거래 사례가 있습니다. 이게 법적인 문제를 일으키기도 하죠.

⑈ 왜 거래량이 줄어드는가?

부동산시장에서 거래량이 감소하는 건 수요가 줄었기 때문입니다. 서울 아파트 가격을 감당할 수 있는 실수요자 수가 줄어들고 있다는 겁니다. 수요가 줄고 있는 이유는 명백합니다. 바로 대출이 줄었기 때문입니다. 2024년 9월 주택담보대출 증감 현황을 보면 더 이해하기 쉽습니다. 앞서 8월에는 주택담보대출이 월 약 8.5조 원 정도 증가했었는데요. 그 수치가 9월에 약 6.8조 원으로 줄어들고 있습니다. 그만큼 수요가 감소했다는 거죠.

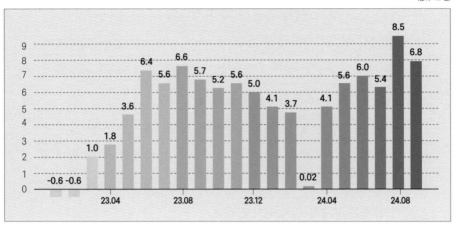

주택담보대출 월별 증감 현황

(단위 : 조 원)

자료 : 금융위원회

ㅣㅣㅣ 안정적인 레버리지 비율은?

집값이 언제 오를 거냐, 내릴 거냐, 이런 전망은 사실 무의미합니다. 집은 내가 여유 있을 때 사면 가장 좋죠. 근데 문제는 여유가 항상 없지 않습니까? 서민이 집을 사려면 대출 없이는 불가능하죠. 장기 통계를 살펴보면 안정적인 레버리지 상태, 일종의 대출 비율이 있는데요. 빚의 크기가 집값의 40%~50% 수준이면, 안정적이라고 할 수 있습니다.

그래서 보통 LTV라고 부르는 '담보인정비율'을 40%~50% 정도에 맞춰야 안정적인 생활이 가능합니다. 윤 정부에 들어서면서 이걸 70%까지 올렸죠. 특히 생애최초주택구입 같은 경우에는 대출이 80%까지 가능합니다. 쉽게 말해, 지금 서울의 아파트 평균 가격이 11억~12억 원 정도 되는데, 그중 70%를 대출받아서 사고 있는 것이죠. 그렇게 7억 ~8억 원을 대출받고, 대출 금리를 4%~5% 정도로 보면, 한 달에 250만 ~300만 원을 이자로 내는 겁니다. 일반적인 월 소득이 대출 이자 내기에도 빠듯하다는 말입니다.

ⅢⅠ 정부가 어떤 정책을 취하는가?

윤 정부의 부동산 정책만 보면, 집값이 올라가길 바라는 건가, 하는 생각이 듭니다. 그 이유는 여러 가지가 있겠지만 먼저 정치와 연관돼 있을 가능성이 큽니다. 우리나라는 자가점유율, 즉 자가주택을 보유한 사람이 훨씬 많습니다. 그러면 산술적으로 봤을 때, 집값을 올려준다는 게 정권에 도움 된다고 생각할 수도 있겠죠. 왜냐하면 주택보급률이 100%가 넘고 집을 갖고 있는 사람은 거의 68% 정도 되니까요. '집값을 올려주면 나를 지지하겠지.'라고 단편적으로 생각할 수 있다는 겁니다.

또 부동산 PF 문제가 한참 심각하죠. 사실상 부동산 PF를 해결할 수 있는 방법은 딱 두 가지입니다. 첫 번째 방법은 정상적으로 망하게 놔두는 겁니다. 두 번째 방법은 가계대출을 늘려서 부동산 PF의 부담을 국민에게 이전시키는 거죠. 지금 정부는 두 번째 방법으로 집값을 올리는 중입니다. 그만큼 집값이 오르는 건 덤이죠.

윤 정부는 부동산 PF, 건설 경기에 관심이 많죠. 부동산 PF 문제의 핵심은 건설사나 시행사가 부동산 자산을 많이 보유하고 있다는 겁니다. 그게 다 빚이거든요. 그 빚을 청산하려면 이 자산을 분양하고 누군가 사줘야 해결이 되는 겁니다. 그래서 개인의 대출로 아파트를 분양받게 하고 집을 사게 하는 거죠. 그러다 보니 집값도 오르는 방향으로 정책이 진행되고요.

실제로 부동산 PF가 일부는 해결되고 있습니다. 건설사도 아파트를 팔려면 이때다, 싶어 열심히 마케팅 중이죠. 그런데 근본적인 문제는 해결되지 않고 있습니다. 수도권 중심의 일부 지역만 해결됐죠. 나머지는 계속 대출 만기를 연장하거나 미루는 중입니다. 시간이 지나면 가격이 올라서 해결될 거라는 막연한 생각을 하고 있는 겁니다. 그런 생각을 금융권, 정부의 정책담당자, 건설사 대부분이 가지고 있습니다. 시간을 끌면 부동산은 언젠가 팔릴 상품이라고요.

진짜 제대로 된 정부라면 부동산 PF를 해결하는 가장 좋은 방법은 관련 기업이 쓰러지더라도 저대로 내버려두는 겁니다. 근데 그러지를 못하죠. 국민의 대출로 부동산 PF를 연명하는 겁니다. 이러다가 사회적인 문제가 정말 커질 수 있습니다. 지금 한국의 가계부채가 1,800조 원을 넘었거든요. GDP를 넘어서는 수준의 가계부채를 안고 있는 겁니다. 가계부채는 내수와도 깊은 연관이 있습니다. 이런 근시안적인 해결 방법이 한국 경제를 죽이고 있는 겁니다.

ⅲ 매도 물량이 집값을 결정한다

집을 사려는 수요가 줄어들면 거래량이 계속 줄어들 가능성이 큽니다. 그때 집값을 결정하는 것은 매도 물량입니다. "집을 갖고 있는 사람들이 얼마에 팔 것이냐?" 이걸 예측하는 것이 집값 전망의 핵심입니다. 그래서 집값을 전망할 때, 그런 매도 물량이 어떻게 되는지를 꼭 봐야 하죠.

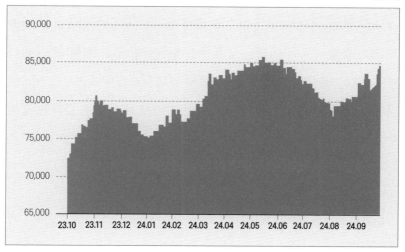

서울 아파트 매도 물량 현황

(단위 : 호)

자료 : 아실, 인터넷 매물

2024년 8월~9월 서울의 아파트 매도 물량을 보면, 아파트 가격은 오르는데 매도 물량은 증가합니다. 무슨 얘기냐면, 집을 갖고 있는 사람은 집을 팔고 싶어 한다는 겁니다. 이때 수요는 감소하고 공급은 증가하면, 집값이 하락할 가능성이 커지죠. 그런데 부동산에는 독특한 현상이 있습니다. 매도 물량이 증가할 때는 집값이 오히려 오른다는 겁니다. 왜일까요? 그 이유는 집을 가진 사람들이 처음에 집을 내놓을 때 시장의 거래가보다 비싸게 내놓기 때문입니다. 그런데 한국의 부동산 지표는 호가를 기준으로 만듭니다. 한국공인중개사협회에서 나오는 가격 폭과 한국부동산원에서 나타내는 부동산 지수가 편차를 보이는 이유는 이런 호가와 거래가의 차이 때문이죠.

저렇게 매도 물량이 증가할 때 호가는 올라갑니다. 예를 들어 가장 최근 거래 가격이 5억 원이라도 집주인은 5억5천만 원에 내놓는 겁니다. 처음부터 최근 거래 가격보다 싸게 내놓는 사람은 없습니다. 그래서 매도 물량이 증가할 때는 호가가 올라가는 겁니다. '집이 왜 안 팔리지? 가격이 비싼가?' 이런 생각이 들 때부터 호가가 내려가기 시작합니다. 그래서 매도 물량이 증가하는 건 호가가 내려갈 수 있다는 강력한 신호이기도 합니다.

ⅢⅠ 금리와 집값의 상관관계

2024년 11월 28일, 한국은행이 기준금리를 0.25%p 추가로 인하했죠. 두 차례 연속으로 금리를 인하한 건 15년 만의 일입니다. 이제 기준금리는 연 3%가 됐습니다. 단순하게만 보면 다시 가계부채가 증가할 수도 있다는 시그널입니다. 그럼 집값이 오를 거라고 생각할 수 있죠.

인하 폭이 크지 않더라도 인하했다는 그 사실 자체가 중요합니다. 왜냐면 기준금리 인하는 중앙은행이 시장에 보내는 일종의 신호니까요. "인하가 시작됐어, 다음에도 또 인하할 거야."

중앙은행이 금리 인하를 하는 이유는 경기 침체가 우려되기 때문입니다. 그러니 금리 인하로 그만큼 돈을 시장에 풀려는 거죠. 그 풀리는 돈이 경제에 잘 스며들도록 물길을 만들어주는 게 정부의 역할입니다. 근데 또 자산 가격은 너무 많이 오를 수 있으니까 재정정책도 필요하죠. 예를 들면 금리 인하로 풀리는 돈이 부동산으로 너무 많이 갈 수 있으니까 집값 안정을 위한 부동산 대출 총량 규제 같은 정책도 할 필요가 생기는 겁니다.

⏘ 통계를 제대로 파악한다

한국부동산원은 국토부 산하 기관입니다. 매주 일주일 단위로 집값 동향을 발표하죠. 이게 사람들의 심리에 큰 영향을 미칩니다. 한 달에 한 번, 분기마다 한 번씩 발표해도 사실 충분한데 말이죠. 집값이 억 단위인데, 매주 변동될 필요가 있나요? 이렇게 잦은 통계 발표는 기관, 즉 한국부동산원의 욕심도 있다고 봅니다. 주간마다 발표하니까 언론에서 매주 참고하죠. 목요일마다 "한국부동산원 발표에 의하면…"이런 기사들이 나오고, 모든 분석과 이야기들이 거기서 출발합니다.

부동산시장을 얘기할 때, 새로운 데이터로 말해야 뉴스처럼 얘기할 수 있죠. 그런데 주간 발표로 데이터를 계속 제공하니 한국부동산원을 참조할 수밖에 없습니다. 그래서 영향력을 유지하기 위해 불필요한 자료를 계속 발표하는 게 아닌가 싶습니다. 불필요하다는 말은 두 가지 측면에서 얘기하고 싶은데요. 그 하나는 '정확하지 않다'는 점이고, 두 번째는 '꼭 필요한가?'입니다.

한국부동산원의 데이터가 정확하지 않다고 말하는 이유는 시장의 호가나 설문조사를 기반으로 하여 데이터를 만들기 때문입니다. 예를 들어 매도 물량이 증가하는 경우는 사실 향후 집값이 떨어진다는 강력한 신호입니다. 근데 한국부동산원의 데이터는 매물이 증가할 때 집값이 더 오릅니다. 왜냐면 호가로 조사하기 때문입니다.

한국 경제 통계의 가장 큰 문제점은 이런 부동산 관련 통계를 공공이 독점하고 있다는 겁니다. 그러다 보니까 주관이 들어갈 수 있고, 문제가 생기기도 합니다. 사실 미국 같은 경우는 이런 통계 지표를 공공과 민간이 경쟁합니다. 그 지표를 서로 정확하게 맞추는 게 그들의 이익이 되는 겁니다. 근데 우리는 그런 일종의 메기 역할을 하는 민간 통계가 없습니다. 그런 통계를 만들 수 있는 단체가 있다면 우리나라 부동산 통계도 훨씬 좋아지겠죠.

정부가 경제 관련 정책을 만들 때도 이런 통계를 기반으로 만들어집니다. 근데 한국의 통계 자체가 잘못되니까 그걸 기반으로 한 정책도 잘못된 경우가 많습니다. 심지어 2023년에는 주택건설통계가 틀린 적도 있었습니다. 주택 인허가·착공·준공 물량이 19만 채가 누락됐었죠. 그 통계를 바탕으로 정부는 주택 공급이 부족하다고 얘기했던 겁니다. 대한민국이 선진국이 됐고, 훨씬 더 빠르게 발전하려면, 더 제대로 된 통계가 필요합니다. 거기에서 모든 정책이 출발하니까요.

ⅠⅠⅠ 부동산의 두 가지 특성: 사용 가치와 유효수요 한계

부동산 가격은 너무 오르면 하락하고 떨어지면 다시 상승합니다. 영원히 가격이 상승하는 부동산도, 가격이 하락만 하는 주택도 없죠. 부동산의 특성 때문에 일어나는 현상입니다. 부동산은 다른 자산과 비교하면 두 가지 특이한 점이 있습니다.

첫째, 부동산은 투자할 수도 있지만 사용할 수도 있는 자산입니다. 따라서 부동산은 투자 가치와 함께 사용 가치도 있습니다. 이것이 바로 부동산 가격이 계속 하락할 수는 없는 이유입니다. 투자 가치만 있는 자산이라면 가격 하락만 이어질 수 있습니다. 주식이 그렇죠. 주식은 투자 가치가 없어질 때 가격이 계속 내려가거나 심한 경우 상장폐지 되기도 하죠. 하지만 부동산은 투자 수요가 감소하더라도 언젠가 사용하려는 수요와 맞물리게 됩니다. 집값이 폭락하지 않는 원인이 사용 가치에 있는 겁니다. 가격이 충분히 하락하면 사용 목적으로 사는 사람이 자연스럽게 증가합니다.

둘째, 유효수요에 한계가 있다는 겁니다. 사람들이 흔히 말하죠. 서울 아파트는 누구나 살고 싶어 하기 때문에 수요가 항상 많다고요. 앞에서도 말했지만 이건 틀린 이야기입니다. 시장 가격을 움직이는 수요

서울 주택구입물량 지수

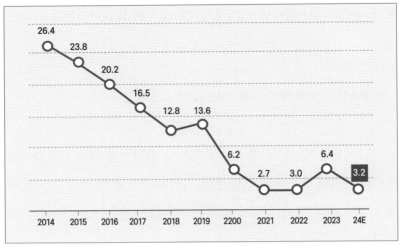

자료 : 주택금융연구원, 광수네 복덕방

는 사고 싶은 마음이 아니라 살 수 있는 능력이 뒷받침되어야 합니다. 그게 유효수요입니다. 부동산을 매입할 때는 많은 자금이 필요합니다. 자금 여력이 충분하지 않으면 아파트를 사고 싶어도 살 수가 없죠. 부동산시장을 움직이는 수요가 제한적인 이유입니다.

2024년 10월 기준, 서울 주택구입물량 지수를 추정하면 약 3.2로 나옵니다. 이 말은 서울의 중위 소득 가구가 자기 자본과 대출을 통해 서울 전체 아파트 중에서 3.2%에 해당하는 아파트를 구입할 수 있다는 뜻입니다. 2023년 상승했던 이 지수가 2024년 아파트 매매 가격이 오르면서 다시 하락했죠. 지수 하락은 서울 주택의 유효수요가 감소했다는 것을 보여줍니다. 이처럼 부동산 가격은 유효수요에 한계가 있기 때문에 계속 상승할 수 없습니다. 이런 부동산의 특징을 알아야 계속 가격이 상승하는 아파트도, 지속해서 가격이 하락하는 아파트도 없다는 사실을 이해할 수 있습니다.

ⅲ 남들이 원하는 집: 거래회전율, 높은 투자 비율

어떤 집이 좋은 집일까요? 집을 사려면 먼저 한국의 수많은 집 중에 내가 사고 싶은 집을 골라야 합니다. 여기서 중요한 것은 내가 고른 집을 다른 사람도 원해야 한다는 겁니다. 그래야 나를 한평생 따라다닐 부동산 거래에서 실패하지 않을 수 있습니다. 그렇다면 남들도 사고 싶은 집은 어떻게 찾을 수 있을까요?

첫 번째 기준은 거래회전율입니다. 거래회전율은 전체 세대에서 1년 동안 몇 채가 거래되었는지 나타내는 비율입니다. 예를 들어 1,000세대 아파트의 거래량이 1년에 100건이라면 거래회전율은 10%입니다. 거래회전율이 높다는 것은 매수와 매도가 쉽다는 말입니다. 그만큼 거래가 잘 되고, 많은 사람이 관심을 가진 곳일 확률이 높습니다.

두 번째 기준은 높은 투자 비율입니다. 투자 비율은 실거주가 아닌 투자자가 해당 주택을 보유하고 있는 지표입니다. 투자 비율은 2년 동안 전월세 거래가 얼마나 되었는지를 통해 계산할 수 있습니다. 예를 들어 1,000세대 아파트 중에서 2년 동안 전월세 거래가 300건 이루어졌다면 투자 비율은 30%인 거죠. 투자 비율이 높은 이유는 당연히 투자 가치가 높기 때문입니다. 그만큼 남들이 원하는 집일 가능성이 큰 거죠.

ⅠⅠⅠ **2025년 부동산시장 전망**

2025년 부동산시장은 어떻게 흐를까요? 시장 전망은 지금부터 시작해야 합니다. 현재와 다른 미래는 없고 현재가 원인이 되어 미래가 만들어지기 때문입니다. 그래서 2025년 부동산시장을 전망하기 위해서는 2024년의 부동산시장을 분석할 필요가 있습니다.

서울, 수도권, 지방 아파트 실거래가 지수 증감률

(단위 : %)

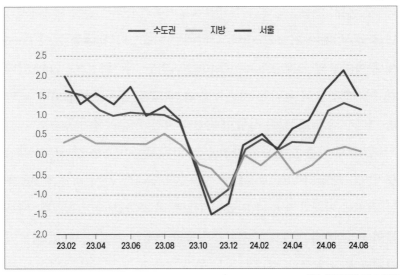

자료 : 한국부동산원, 광수네 복덕방

먼저 한국부동산원에서 발표한 아파트 실거래가 지수를 봅시다. 여기서 주목할 부분은 서울, 수도권, 지방의 월별 누적변동률입니다. 서울은 2024년 1월부터 8월까지 7.6%, 수도권은 4.9% 상승했지만 지방은 0.6% 하락했습니다. 서울과 수도권 아파트 가격은 올랐으나 지방의 아파트 가격은 떨어진 겁니다.

그 이유는 뭘까요? 이게 거래량을 파악해야 하는 이유입니다. 가격이 상승할 때 거래량이 증가했다면 수요 증가가 변동 원인입니다. 가격 상승과 함께 거래량이 줄어들었다면 수요 감소가 이유겠죠. 하지만 가격이 하락할 때 거래량이 늘어났다면 수요 감소, 거래량이 감소했다면 공급 증가가 가격을 변화시킨 원인일 겁니다.

서울의 경우 2024년 1월부터 9월까지 월 아파트 평균 거래량은 5,206건으로 2023년의 3,037건과 비교해서 2,169건 증가했습니다. 거래량이 증가했으니 서울 아파트 가격은 수요 증가로 오른 거죠. 지방 또한 2024년 아파트 거래량이 월평균 22,329건으로 2023년보다 1,905건 증가했습니다. 지방 아파트 시장은 가격이 하락하고 거래량은 증가했죠. 한마디로 변동 원인은 공급 증가입니다. 공급이 늘어나면서 지방 아파트 가격이 떨어졌다고 판단할 수 있는 겁니다.

그렇다면 어떤 수요가 증가하고 어떤 공급이 늘어났을까요? 2024년 서울 아파트 시장에서 증가한 수요는 실수요였습니다. 무주택자와 갈아타기 수요가 증가한 겁니다. 그렇게 판단할 수 있는 근거는 바로 주택담보대출입니다. 주택담보대출이 증가했고 갭 투자 건수는 줄어들었죠. 그래서 실수요 증가로 주택 가격이 올랐다고 판단할 수 있는

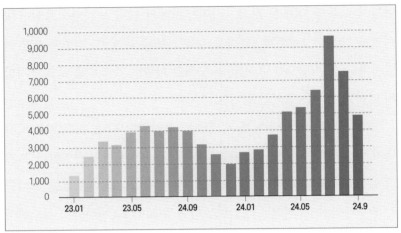

서울 아파트 실거래 건수 현황

(단위 : 건)

자료 : 한국부동산원, 광수네 복덕방

겁니다.

지방에서 증가한 아파트 공급은 매도 물량입니다. 단기 가격을 결정하는 주택 공급은 계속 말했지만 집을 가진 사람이 파는 매도 물량입니다. 지방에 집을 보유한 사람이 매물을 많이 내놓으니 집값이 하락한 겁니다. 2024년 서울 아파트 시장은 실수요자가 늘어나면서 가격이 상승했고, 지방은 매도 물량이 늘어나면서 아파트 가격이 하락했습니다. 그렇다면 2025년 부동산시장은 어떤 변화가 일어날까요?

먼저 서울에서 증가했던 실수요가 2025년에는 줄어들 것으로 보입니다. 수요는 이미 감소 중입니다. 서울 아파트 거래량을 보면 2024년 7월 정점을 찍고 8월부터 줄어들고 있습니다. 2024년 7월 9,518건에 이르던 아파트 거래량이 8월 7,609건으로 줄어들었죠. 9월 아파트 거래

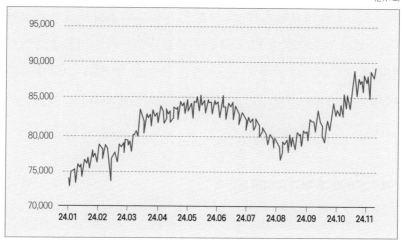

서울 아파트 매도물량 현황

(단위 : 호)

자료 : 아실, 인터넷매물, 광수네 복덕방

량은 4,951건을 기록하면서 7월 대비 4,567건이나 감소했습니다. 서울 아파트 시장에서 가격이 오르자 가격을 감당할 수 있는 유효수요가 감소하면서 거래량이 줄고 있는 겁니다. 때문에 2025년 부동산시장은 수요가 줄고 단기 공급이 늘어날 가능성이 높습니다. 특히, 투자 목적으로 아파트를 보유한 소유자들이 많은 매도 물량을 던질 것으로 예측되죠. 부동산은 무조건 매도해야 수익이 실현됩니다. 그래서 투자자는 매수 타이밍보다 매도 타이밍이 더 중요하죠. 그렇다면 투자자들은 언제 아파트를 팔까요?

투자자는 당연히 집값이 더 이상 오르지 않을 것 같을 때 집을 팝니다. 왜냐면 집을 보유할 이유가 없어지기 때문입니다. 특히 수요가 감소할 때 투자자의 매도 물량이 증가합니다. 2024년 11월 9일 기준, 서

올 아파트 매도 물량은 약 8만9천 호였습니다. 실수요가 줄어들기 시작한 8월 초와 비교해서 1만 호 이상 아파트 매도 물량이 증가한 겁니다. 수요가 감소했을 때 매도 물량이 증가하면 아파트 가격은 당연히 떨어집니다. 2024년 지방 부동산시장을 보면 알 수 있죠. 그렇기 때문에 앞으로 아파트 가격 하락은 불가피할 것으로 보입니다.

⫶⫶⫶ 내 집 마련, 언제가 아니라 어떻게

많은 사람이 질문합니다. "내 집 마련은 언제 해야 할까요?" 그러나 더 중요한 건 '언제'가 아니라 '어떻게'입니다. 내 집 마련은 때가 아니라 기회를 기다려야 합니다. 누구나 다 알고 있습니다. 집을 사야 할 때는 쉽게 말해서 가격이 바닥일 때죠. 가격이 바닥이라는 것은 단순히 가격이 싸다는 의미가 아닙니다. 앞으로 가격이 상승한다는 의미가 더 큽니다. 바닥 이후의 가격은 반드시 상승한다는 걸 기억해야 합니다.

그렇다면 가격이 바닥인지는 어떻게 알까요? 가격이 상승하려면 반드시 수요가 증가해야 합니다. 수요는 거래량으로 파악할 수 있습니다. 거래량이 늘어나면 수요가 증가한다고 볼 수 있죠. 이렇게 수요는 있지만, 집값은 떨어지고 있을 때가 바로 집을 마련해야 하는 시기입니다. 거래량은 늘지만, 매도 물량이 많아 가격이 하락할 때가 좋은 매수 시기라는 거죠.

언젠가 집값은 하락하는데, 거래량은 증가하는 시기가 반드시 올 겁니다. 시장을 조용히 관찰하면서 그 시기를 준비해야 합니다. 가격 하락 폭은 크지만 거래량은 계속 늘어나는 지역을 찾고, 내게 가장 유리한 자금 설계로 기회를 잡아야 하죠. 지금 부동산시장은 가격 변동성이 무척 큽니다. 변동성이 크다는 말은 위기이자 기회라는 말이기도 합니다. 많은 사람이 이 기회를 잡고 우리나라의 자가점유율이 높아져야 한국 부동산시장이 안정될 수 있습니다.

지금부터 언제보다 어떻게 집을 살지를 더 고민해봅시다. 지금의 고민이 더 촘촘해질 수록 여러분의 내 집 마련 시기가 가까워질 거라고 분명하게 말씀드립니다.

　　2024년 8월 27일 이창용 한국은행 총재는 뜬금없이 주요 대학의 '지역별 비례선발제'를 제안했습니다. 이른바 SKY대를 비롯한 서울의 명문대에 서울의 고등학교 출신, 그것도 강남 3구 고등학교 졸업생들이 너무 과도하게 많이 들어가고 있다는 게 그 이유였습니다. 한국은행 총재가 오지랖 넓게 대학입시 문제를 꺼내든 이유는 부동산시장과 금리 문제 때문이었습니다. 여당과 대통령실이 미국, 유럽도 금리를 내렸으니 우리도 빨리 큰 폭으로 금리를 내려야 한다고 한국은행을 압박하자 저런 말이 나온 겁니다.

　　이창용 총재는 집값 폭등이라는 근본적인 뇌관이 여전히 살아있는데 다른 나라들처럼 함부로 금리를 내렸다간 부동산 뇌관을 건드릴 수도 있겠다는 우려가 있었습니다. 경기가 안 좋다고 금리 인하를 해봤자 이 돈이 생산적인 투자에 들어가는 것이 아니라 대부분 부동산

시장에 빨려 들어갈 것이 뻔히 보였기 때문입니다. 그래서 이참에 집 값 거품을 일으키는 근본적인 대안을 마련해보자는 취지로 '지역별 비례선발제'를 말한 겁니다.

한국은행은 조사 자료도 같이 공개했습니다. 서울의 일반고 졸업 생은 전체의 16% 정도인데 서울대에 들어가는 비율은 32%나 되더라 는 겁니다. 특히 강남 3구(강남, 서초, 송파) 고등학교 졸업생은 전체 고등학 교 졸업생의 4%에 불과하지만 서울대 입학생의 12%를 차지하고 있습 니다. 같은 학습 능력을 가진 학생이라도 강남에 살고 있는 부모를 두 고 있을 경우 서울대에 들어갈 가능성은 7.3배나 높아지더라는 겁니 다. 2018년 조사 결과이니 지금은 차이가 더 심해졌겠죠.

족집게 입시학원이 몰려 있는 강남, 그 사교육이 신분 상승의 지렛 대로 작용하다 보니 강남 아파트에 대한 초과수요를 막을 방법이 없더 라, 보유세 같은 세금 정책으로 찍어 누른다 한들 집주인은 세입자의 전셋값을 올려버리면 그만이니 해결이 쉽지 않다, 신분 상승으로 이어 지는 잘못된 교육열이 강남의 '부동산 불패 신화'를 만들었고 이게 곧 다른 지역의 집값 상승으로 이어지더라, 그러니 부동산 정책의 대안으 로 주요 대학의 입학 정원을 각 지역 인구에 비례하도록 할당하자, 이 런 제안을 내놓은 것입니다. 실제 한국은행이 제시한 지역별 비례선발 제를 도입할 경우 서울의 고등학교 졸업생 가운데 서울대 합격자 수는 절반 가까이(1,306명 → 603명) 줄어드는 것으로 나타났습니다.

이창용 총재는 전 세계 대학이 여러 지역의 학생을 다양하게 뽑는 추세인데 우리는 성적순으로 뽑는 게 가장 공정하다는 생각에만 빠져 있다며 SKY 대학교만 결단해주면 지역별 비례선발제를 실행할 수 있다고 말했습니다.

현재 한국 사회는 형식적으로는 아니라 하지만 그 내용을 들여다보면 완벽한 신분, 계급사회입니다. 게다가 신분의 격차가 대물림으로 구조화되고 있다는 게 더 큰 문제입니다. 한 번 금수저는 영원한 금수저, 흙수저는 아무리 용을 써도 흙수저를 피할 수 없습니다. 제가 이 얘기를 장황하게 늘어놓은 이유는 이른바 8학군 키드들이 한국 사회의 좋은 일자리들을 자신들만의 밥그릇으로 구축하면서 폐단이 구조화되고 있기 때문입니다.

사람들이 기자들을 기레기라고 부릅니다. 불이익에도 기자의 역할에 충실한, 존경할 만한 기자들도 있을 텐데, 왜 기자들은 대부분 기레기가 됐을까요…. 이건 순전히 제 개인적인 생각이기에 반론도 있겠지만 기자가 기레기가 된 배경을 한번 보려 합니다.

제가 처음 KBS에 입사한 게 1991년입니다. 그 당시와 요즘의 뉴스룸을 비교해 보면 정말 극명한 차이점이 한 가지 있습니다. 예전의 보도국 뉴스룸은 9시 뉴스 임박해선 정말 시장통이 따로 없었거든요. 낮에는 취재하느라 한적하지만 정치부, 사회부, 경제부 등 각 부서가 오후 4시~5시쯤부터 파티션별로 북적거리기 시작합니다. 기사 작성이 마무리되고 데스크의 부장에게 넘어가는 시점이면 늘 큰소리가 오갑니다. '인터뷰를 빼느니 마느니, 문장을 이렇게 수정하면 안 된다느니…' 데스크 책상을 걷어차는 기자들의 모습도 드물지 않게 볼 수 있었습니다. 물론 현장을 취재한 기자가 가장 정확하니만큼 취재기자의 의견을 수용해줘야 하는 것은 맞습니다. 하지만 데스크의 오랜 경험이 거기에 더해질 때 비로소 세상을 바꾸는 기사가 나오게 되는 거죠. 그러나 현실은 종종 기사를 엿 바꿔 먹는(?) 데스크가 늘 존재해왔습니다. '우린 회사원이 아닌 언론인이다.'라는 철학이 그때만 해도 있었던 것 같습니다. 억압과 불이익을 당하는 건 어찌 보면 기자들의 숙명이라 생각하기도 했던 듯합니다.

그때나 지금이나 주요 언론사는 대부분 서울대 출신들이 기자로 들어왔습니다. 그런데 지금 서울대 출신은 예전과 성분(?)이 다릅니다. 일단 지방 출신이 매우 드뭅니다. 8학군 키드들과 목적을 알 수 없는 무슨 특목고, 외고 출신들로 언론사가 채워졌습니다. 그들은 어쩌다 재수 좋게 돈 많은 부모를 만나 좋은 고등학교에 들어가고 좋은 학원에 다니다 보니 자연스럽게 좋은 대학에 들어가게 됐고 결과적으로 좋은 일자리까지 차지하게 됐습니다. 언론사 역시 상대적으로 좋은 일자리입니다. 모두 그렇지야 않겠지만 어쩌다 돈 많은 부모를 만나 어려움 없이 성장한 8학군 키드들이 어떻게 사회에 대한 문제의식이 있겠습니까? 점점 언론인이 아니라 회사원이라는 생각이 기자들에게 자리 잡아갔습니다. 그러다 보니 과거와 달리 9시 뉴스가 임박해서도 뉴스룸은 조용~합니다. 데스크가 내용을 고치라고 압박해도 예전처럼 크게 반발이 나오는 것 같지도 않습니다. 그게 처세라고 부모들에게서 보고 배웠을 테니까 말이죠(물론 동기들, 부서원들 단톡방은 매우 시끄럽다고 합니다. 누가 우리 부장 마취총 좀 쏴주라 등).

헝그리 정신을 말하면 꼰대라는 얘기도 나오겠지만 사회의 소금이 되는 험한 취재에 뛰어들려면 헝그리 정신과 용기가 꼭 필요합니다. 삼성전자 입사시험과 비슷한 언론사 입사전형이 있는 한 어쩌다 재수 좋게 돈 많은 부모를 만난 8학군 키드들이 언론사에 들어오는 건 막을 수 없습니다. 기레기가 아닌 진짜 기자를 만들기 위해선 언론사 입사전형부터 바꿔야 한다는 것이 제 생각입니다. 영어 단어 하나 더 아는 게 기자질 하는 데 무슨 도움이 되겠습니까? 그보다는 사회에 대한 문제의식이 얼마나 있는지를 보고 뽑아야 사회의 소금이 될 진짜 기자들을 만들 수 있습니다.

사실 8학군 키드들의 좋은 일자리 독점 문제는 한국 사회의 미래를 암울하게 만들고 있습니다. 대통령 부인 김건희 씨가 고가의 명품백을 받는 장면이 공개됐는데도 검찰은 죄를 묻지 않았습니다. 빼지도 박지도 못할 이른바 빼박 증거들이 여기저기 남아있는데도 검찰은 김건희 씨의 도이치모터스 주가조작 혐의에 대해 무혐의 불기소 결정을 내렸습니다. 심지어 "김건희에 대해 영장까지 청구할 정도로 수사에 적극적이었으나 법원이 기각해서 어쩔 수 없었다."라고 발표했는데 알고 보니 새빨간 거짓말이었습니다. 김건희에 대해선 어떤 영장도, 아예 청구할 시도조차 하지 않았던 것으로 드러났습니다.

일반 국민이 검찰에 대해 어떤 감정을 품고 있는지 모르지 않을 겁니다. 그러나 검찰 내 2,000여 명의 검사들은 어떤 움직임도 보이지 않고 있습니다. '이프로스'라는 검찰 내부 게시판도 조용~합니다. 검사들이 검찰 조직을 중시하고 독특한 그들만의 문화가 있다고 하지만 예전의 검사들은 자존심이라도 있었습니다. 로스쿨은 머리만 좋다고, 공부만 잘한다고 들어갈 수 없습니다. 일단 등록금만 계산해도 일반 대학원의 1.5배에 달합니다. 이것저것 들어가는 비용을 따지면 없는 집 애들은 꿈도 꾸지 못하는 세상 밖 일자리인 겁니다.

이창용 한국은행 총재의 '지역별 비례선발제' 제안을 현 정부가 받아들일 것이라고는 생각지 않습니다. 아마 이 총재 본인도 윤석열 정부가 이걸 받겠다고 생각지는 않았을 겁니다. 그렇다고 해도 누군가는 계속 말해야 합니다. 격차와 신분이 구조화되고 고착화하는 지금의 세상이 오래 갈 수도 없겠지만 오래 가서도 절대 안 됩니다.

자본이 말하지 않는 자본주의

초판 1쇄 발행 2025년 1월 2일
초판 2쇄 발행 2025년 1월 16일

지은이 | 홍사훈, 박시동, 이광수
펴낸이 | 권기대
펴낸곳 | ㈜베가북스

주소　　| (07261) 서울특별시 영등포구 양산로17길 12, 후민타워 6-7층
대표전화 | 02)322-7241　　　**팩스** | 02)322-7242
출판등록 | 2021년 6월 18일 제2021-000108호
홈페이지 | www.vegabooks.co.kr　**이메일** | info@vegabooks.co.kr
ISBN | 979-11-92488-52-3 (03320)

* 책값은 뒤표지에 있습니다.
* 잘못된 책은 구입하신 서점에서 바꾸어 드립니다.
* 좋은 책을 만드는 것은 바로 독자 여러분입니다.
* 베가북스는 독자 의견에 항상 귀를 기울입니다. 베가북스의 문은 항상 열려 있습니다.
* 원고 투고 또는 문의사항은 위의 이메일로 보내주시기 바랍니다.